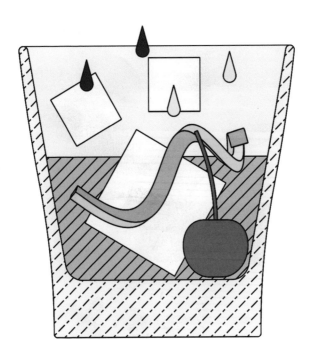

RON

Mezclar, agitar, remover

La edición original de esta obra ha sido publicada en el Reino Unido
en 2017 por Hardie Grant Books, con el título

Rum: Shake, Muddle, Stir

Traducción del inglés
Gemma Fors

Impreso en China
Depósito legal: B 2.384-2018
Código IBIC: WBXD3

ISBN 978-84-16407-46-0

RON

Mezclar, agitar, remover

por Dan Jones

ILUSTRACIONES DE DANIEL SERVANSKY

cincotintas

CONTENIDOS

Bienvenido a

RON

Mezclar, agitar, remover

Lo que uno desecha, a otro aprovecha

El ron es lo que dio fuerza a los viejos marineros que atravesaban océanos en busca de nuevos mundos y a los saqueadores que iban a la caza de tesoros míticos; hizo estallar rebeliones y provocó golpes de estado, y ha sido el sustento en despedidas de soltera legendarias (por cierto, ¿cómo se llamaba el stripper?). En parte subproducto, en parte genialidad y en parte pura magia: lo que llevara al inventor del ron a descubrir que, al destilar la melaza, se obtiene un delicioso licor, no importa demasiado. Lo crucial es que ocurrió, y marinos, piratas y mujeres de fiesta siempre le estarán en deuda.

Tiene en las manos *Ron: Mezclar, agitar, remover*, el libro que le enseñará a mezclar, agitar, remover y –sobre todo– tomar ron. Un libro dedicado al licor blanco, plateado, dorado o negro, que incluye un poco de historia, algunas recomendaciones de marcas y mezclas internacionales –desde las originales caribeñas hasta las marcas escocesas alternativas de la nueva era– e indicaciones sobre utensilios y técnicas necesarios para elaborar los mejores cócteles y ponches con ron. Y por supuesto, recetas, desde clásicos, como el Mojito (página 50) o el Té Helado de Long Island (página 56), hasta el contemporáneo Daiquiri de Cereza y Tomillo (página 68) o el Muay Thai Face-Kicker (página 92).

Para honrar a todos los aficionados a esta bebida espirituosa, es hora de que nos parta un rayo, nos pongamos un parche en el ojo y blandamos una pajita en forma de pene: ¡vamos a tomar ron!

Dan Jones

PERDICIÓN DE MARINERO, PLACER DE PIRATA

Vicio de viejos marineros malhumorados devenido bebida ideal en despedidas de soltera, el ron posee una historia algo peculiar. Este licor de azúcar de caña ha impulsado más de una travesía marítima y, desde sus inicios, ha ocupado un lugar central en escándalos de borrachos, legislaciones marítimas, piratería y guerras comerciales, y se ha hecho igualmente un hueco entre los combinados más sofisticados de la actualidad. Pero la versatilidad del ron –y su sabor delicioso– está tristemente subestimada (al menos en la opinión de los mejores bármanes del mundo). Pisándole los talones al resurgimiento de la ginebra, el redescubrimiento de antiguas marcas clásicas y el nacimiento de pequeñas destilerías artesanales de calidad dignas de aparecer en Instagram hacen que el ron viva ahora un buen momento.

Como una resaca de daiquiri, la verdadera historia del ron –su invención de forma accidental, su importancia en el comercio internacional y su longevidad– es más que turbia. Pero una cosa es cierta: el hogar espiritual del ron es el Caribe (**Fig. 1**). Por eso el ron blanco –de sabor claro y limpio– es la base de las mejores bebidas de influencia tropical, mientras que los cócteles clásicos como el Dark and Stormy (página 48) y el Mai Tai (página 54) se apuntalan en ron oscuro, añejo o especiado.

Si bien debemos a la secular industria de la caña de azúcar la existencia de este licor esencial (o incluso a Colón por introducir el cultivo en el Caribe), también es fruto de un grave problema de residuos. La caña de azúcar se molía, licuaba y hervía para obtener una sustancia pegajosa a partir de la cual se formaban cristales de azúcar. Este proceso también genera el sirope oscuro y agridulce conocido como melaza. En el siglo XVII, los productores de azúcar no sabían qué hacer con este jugo inmundo. En un arrebato de ingenuidad, se produjo el descubrimiento. Con habilidades de elaboración de pócimas propias de Harry Potter, se mezclaron las melazas con un poco del líquido del hervor y fermentación iniciales del jugo de caña de azúcar. Entonces se destiló y se obtuvo una aromática, deliciosa y embriagadora bebida alcohólica.

No es de extrañar que a los marineros les encantara. Emergieron miles de plantaciones de azúcar en las islas caribeñas y la mayoría invirtieron en su propio equipo de destilación con alambiques de cobre. Se vendía el ron como producto de consumo valioso a la Armada Británica y esto atrajo a cada vez más barcos a la zona (de la que se mantenía alejados a los piratas). El ron enseguida se convirtió en el trago predilecto de las travesías marítimas (se conservaba más tiempo que la cerveza o el agua), y en 1731, media pinta del licor pasó a formar parte de la ración diaria de los marineros –y el único lujo a bordo.

Entonces llegó el aguafiestas del almirante Edward Vernon, el malo de la película, quien, en 1740 cerró el grifo de la ración de ron, sin duda al comprobar que la Armada Británica se había convertido en una gran fiesta naval. Con las raciones aguadas (aunque no recortadas por completo), los

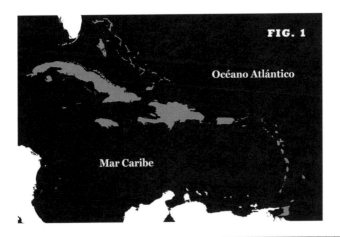

marineros, ahora más sobrios, bautizaron esta nueva bebida como «grog», inspirados en el mote de Vernon, *Old Grog* (en referencia al curioso abrigo de grogrén que vestía). El capitán Bligh repartía un dedal de ron a sus hombres cuando las existencias escaseaban para mantener la moral en las largas travesías. Con los años, la ración de ron de los marinos británicos se redujo hasta quedar finalmente abolida en 1970.

El pasado naval del licor nunca ha hecho tambalear su persistente atractivo. De hecho, en todo caso, le ha otorgado cierto lustre. El ron es el ingrediente básico de diversos cócteles clásicos –como el Monkey Wrench (página 52), el Mai Tai (página 54) o el Mojito (página 50)– que fácilmente ganan la batalla ante otras recetas que se elaboran a partir de licores más refinados. Pero es con el ron solo (o combinado delicadamente) como mejor se saborea su historia. Esta bebida de perdedores –producida bajo el sol del Caribe, antaño arma oculta de la Armada Británica y objeto del pillaje de los piratas– ha evolucionado hasta convertirse en un elemento esencial del bar moderno. Fabricado mágicamente a partir de desechos, el ron demuestra que lo que uno desecha, a otro aprovecha.

LA CIENCIA DEL RON

Colón llevó la caña de azúcar, originaria de Papúa Nueva Guinea, al Caribe. La ferviente demanda de azúcar –y luego de ron– alimentaba una industria de destilerías que cocían y enfriaban la caña para extraer de ella cristales de azúcar, melaza y –con algo de elaboración– ron. En la actualidad, el proceso es bastante fiel al de sus inicios: la caña de azúcar se corta (un trabajo

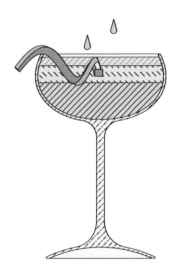

Cualquier alteración de la receta, el tiempo de fermentación o el equipo empleado pueden afectar enormemente al resultado. Tras la destilación, el ron fresco está listo para el paladar de un pirata, pero gran parte del mismo se mezcla con agua, hierbas, frutas, frutos secos y especias, y también puede dejarse añejar en barricas de roble para darle un tono oscuro o caramelo y un sabor intenso y con cuerpo.

durísimo para la espalda que se lleva a cabo a mano) y luego se pica hasta obtener una pulpa de la que se extrae su jugo. Entonces existen tres posibilidades, según el productor: el jugo se fermenta inmediatamente y se destila o se convierte en sirope antes del proceso de destilación. En la mayoría de los casos, no obstante, se hierve hasta obtener la melaza, luego el líquido se fermenta (durante unas horas o hasta semanas) y, finalmente, se destila.

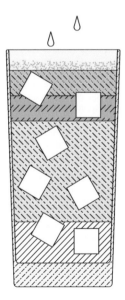

Los mejores rones del mundo

PROBADOS Y COMPROBADOS, DERRAMADOS
Y FREGADOS: DESDE LOS MÁS FINOS RONES
LIMPIOS Y CLAROS, IDEALES PARA MEZCLAR,
HASTA VARIEDADES OSCURAS, ENDULZADAS
Y ESPECIADAS. ESTOS SON LOS MEJORES RONES
DEL MUNDO, LLEGADOS DE TODOS
SUS CONFINES

PARA CRIATURAS DEL MAR

THE KRAKEN BLACK SPICED, TRINIDAD Y TOBAGO

Este ron de melaza es tan oscuro y consistente como la tinta de calamar; su aroma a vainilla y café posee una nota sutilmente afrutada que se mezcla con algo misterioso, mágico y ancestral. Su sabor es delicioso: levemente dulce con más notas de vainilla, cola, pimienta y caramelo, con un punto fantasioso de galleta de jengibre, clavos y canela, como un pastel de Navidad encantado. Creado por los propietarios de José Cuervo, la familia Beckmann (a través de su marca Proximo Spirits), con su toque de genialidad. Una bebida potente, consistente y especiada para tomar con hielo.

PARA BEBEDORES TATUADOS

SAILOR JERRY, CARIBE

Mucho se ha hablado de la inspiración de Sailor Jerry: el exuberante marino y artista del tatuaje Norman Collins, que creó su propia estética obscena (e increíblemente influyente) en su establecimiento de Honolulu al finalizar la Segunda Guerra Mundial. Los fabricantes de este ron epónimo han intentado embotellar la personalidad de Collins y cabría esperar que no funcionara, pero vaya si lo hace. Este licor redondo, elaborado con melaza caribeña, logra un elegante equilibrio entre la parquedad y la suavidad. Con notas de vainilla, cuero, nuez moscada y jarabe de arce, este ron destacado y económico es muy indicado para combinados.

PARA VIAJAR EN EL TIEMPO

DARK MATTER SPICED RUM, ESCOCIA

Brindemos por Escocia, donde la misteriosa (si bien galardonada) destilería Dark Matter urde su magia en forma líquida. La marca describe su ron mezclado como «El equivalente en sabor a entrar a toda velocidad en un agujero negro líquido, pero sin que los átomos del cuerpo queden reducidos a un punto infinitamente diminuto». Una afirmación algo presuntuosa de Jim y John Ewen, los elaboradores de Dark Matter, pero la locura de estos hermanos posee un método. Este ron de melaza es oscuro, de color rubí, y el jengibre fresco, la pimienta verde y la pimienta de Jamaica le aportan cuerpo. Aunque posiblemente no ostente la capacidad de hacernos viajar en el tiempo, lo que es seguro es que hará que unas cuantas horas pasen volando. Con envase y nombre científicos, este ron va a contrapelo del resto de la industria: y mejor para él.

PARA ECOLOGISTAS

NEW DAWN TRADERS RUM, REPÚBLICA DOMINICANA E INGLATERRA

Tiempo, esfuerzo, la fuerza del viento, una carreta y un caballo nos traen este singular ron de paladar suave con notas de mantequilla derretida, frutas tropicales, especias, cacao, brisa marina y madera de roble. El ron

New Dawn envejece en barricas de roble del maestro destilador Oliver & Oliver durante 18 años antes de realizar el viaje de 45 días desde Santo Domingo, en la República Dominicana, hasta Falmouth, en el Reino Unido, en el barco Tres Hombres. Una vez en Falmouth, las barricas se recogen en carreta tirada por un caballo y se transportan a una cervecería local, donde se mezcla el ron con agua de manantial de Cornualles. Si su procedencia no le impresiona, su sabor lo hará: es supersuave y con cuerpo. Los fabricantes, New Dawn Traders, también comercian con chocolate.

PARA HABITANTES DEL EAST END

EAST LONDON LIQUOR RON DE DEMERARA, INGLATERRA

Esta destilería artesanal, ubicada en una antigua fábrica de pegamento del este de Londres, utiliza ron de azúcar demerara de la Guyana seleccionado, destilado en el único alambique de madera del mundo y luego añejado en barricas de bourbon durante tres años. El resultado es una bebida bastante afrutada con un agradable tono caramelo y notas de vainilla especiada, ese dulce parecido al toffe llamado «buttersotch» y frutas tropicales. La cualidad principal es el enfoque purista de East London Liquor Company: este ron añejo incluye muy pocos ingredientes que la convierten en una bebida deliciosa sin adulterar. Disponible en versión superfuerte para valientes.

PARA DAR CON EL PUNTILLO

EL DORADO 12, GUYANA

Suave, dorado y envejecido en barricas de madera, este ron repetidamente premiado se produce en la región Demerara de Guyana, un terreno sagrado de la producción de ron desde hace 300 años. Se mezcla con ron añejado elaborado en alambiques originales, cada uno con su impresionante historia. El resultado es una bebida dulce, con sabor a roble, sutilmente especiada y con un aroma maravilloso, y sustanciosa e intensa al paladar, con trazas de mazapán, frutos secos y tabaco, y un potente toque de azúcar moreno. Es perfecto para tomar con hielo y funciona extremadamente bien en combinados.

PARA AMANTES DEL RON CLÁSICO

HAVANA CLUB 7, CUBA

El original ron moderno Havana Club es la marca de ron por excelencia (y debería ser el primer puerto donde atraque al iniciarse en este mágico licor). Fundada en Cuba en 1934, la productora de esta bebida dorada pertenece a Pernod Ricard y el gobierno cubano. Este ron de siete años es particularmente etéreo, suave y cremoso, muy especiado y con un toque de clase. Lo que le falta en complejidad lo compensa con versatilidad: la cerveza de jengibre le proporciona una sutil fogosidad, la cola subraya su sabor caramelizado. Imprescindible en cualquier mueble bar.

PARA LOS TROPICALES A TOPE

CHALONG BAY, TAILANDIA

Brindemos por el ron blanco: el licor fresco, potente, al que se subestima de forma criminal como mera bebida para combinados, pero con un gancho de sabor como los mejores. Ron elaborado al cien por cien con caña de azúcar tailandesa en la bahía de Chalong, Phuket, con sabor floral y afrutado que resulta brillante, sedoso y agradablemente complejo, con notas de leche de coco, pimienta, nuez moscada, vainilla, caramelo y regaliz. Elaborado y envasado artesanalmente, este galardonado ron blanco aporta un sabor tropical a los cócteles y ensalza un simple cubalibre con su aroma floral exótico.

Utensilios básicos

**LOS ÚTILES IMPRESCINDIBLES PARA PREPARAR
DESDE EL MOJITO PERFECTAMENTE MAJADO
HASTA EL MÁS DELICIOSO DARK AND STORMY**

UTENSILIOS IMPRESIONANTES

Invierta en su barra particular para combinados de ron con una gama de utensilios de coctelería impresionantes. Empiece con lo básico: una coctelera, un medidor, un majadero, una cuchara coctelera, un colador y una cubitera. Le bastará esto para un enfoque minimalista:

MEDIDOR

Una herramienta básica. Proporciona la medida estándar para los licores y está disponible en diversos tamaños. Los metálicos son vistosos, pero los de plástico o vidrio sirven igual. Si no dispone de medidor ni de vasos de chupito, utilice una huevera; así las proporciones serán adecuadas, aunque las dosis resulten algo generosas. Si no, cruce los dedos y hágalo a ojo.

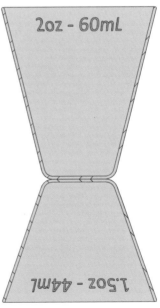

VASO MEZCLADOR

Se trata de un sencillo vaso, resistente, recto (también conocido como vaso Boston), o un vaso de cerveza recto y de boca más ancha, para cócteles que precisan mezcla con cuchara en lugar de agitarlos en la coctelera. El vaso mezclador proporciona más volumen cuando se adapta al vaso de la coctelera para poder preparar dos bebidas a la vez. Las dos partes quedan unidas y se agita hasta que se enfría la bebida. Luego se puede utilizar el colador de gusanillo para pasar la mezcla a una copa limpia.

COCTELERA

También denominada coctelera Boston, es la varita mágica del barman, la pieza más importante del conjunto: pocos cócteles son posibles sin ella. El modelo metálico clásico consta de tres partes principales: una base, denominada vaso (recipiente alto, de base más estrecha), y una tapa bien ajustada en forma de embudo con colador incorporado donde se encaja un pequeño tapón (que también hace las veces de medidor). Es un accesorio brillantemente simple y muy útil, como las mejores herramientas, y vale la pena mantenerla siempre escrupulosamente limpia. Si no dispone de ella, utilice un tarro grande de cristal con tapa hermética.

COLADOR DE GUSANILLO

Este colador de aspecto exótico, rodeado por un muelle, resulta útil cuando la versión que incorpora la coctelera no es la adecuada. Se coloca encima de una copa y sobre él se vierte el cóctel, o se cubre con él el vaso de la coctelera o el medidor para verter su contenido desde cierta altura. Lávelo inmediatamente después de su uso, especialmente si cuela un cóctel cremoso. Si no dispone de él, utilice un colador para té. Sirve igual, aunque el de gusanillo da más el pego.

BATIDORA

Esencial para recetas con fruta. Como la mayoría de batidoras domésticas tienen dificultades con el hielo, es mejor utilizar hielo picado cuando la receta lo requiera, en lugar de cubitos. Añada primero los ingredientes y luego el hielo y empiece con una velocidad lenta antes de subirla al máximo. No es necesario colar una vez consigue la consistencia suave: se vierte directamente en la copa y se sirve.

CUCHILLO Y TABLA DE CORTAR

Simple, pero esencial. Mantenga la tabla limpia y el cuchillo bien afilado. Practique sus habilidades para pelar: el objetivo consiste en evitar en lo posible la piel blanca para utilizar solo la piel más exterior, rica en aceites aromáticos.

CUBITERA

El elemento central del bar doméstico; simple, funcional, tanto una retro como una acrílica. Una cubitera aislante consigue que los cubitos se mantengan enteros más tiempo, y un juego de buenas pinzas aporta elegancia al conjunto.

UTENSILIOS ADICIONALES

PUNZÓN

Compre bolsas de hielo picado o cubitos (siempre el doble o el triple de la cantidad que precise), o golpee una barra de hielo hecha en casa con un punzón. Hierva agua, deje que se temple un poco y viértala en un recipiente vacío de helado. Congélelo, vuelque el contenido sobre un trapo de cocina limpio y ataque el bloque según precise. El hielo saltará por doquier, pero persista. Los trozos grandes y angulosos le servirán para bebidas espectaculares.

MAJADERO (MUDDLER)

Un bastón corto, normalmente de madera, para majar o machacar fruta, hierbas, hielo y azúcar en la copa moliendo y chafando los ingredientes para que suelten sus sabores y aceites naturales. Es como una mano de mortero. Si no dispone de majadero, utilice un rodillo sin asas (¡con cuidado!).

PALILLO DE CÓCTEL

Para pinchar cerezas, pieles de cítricos, rodajas de fruta, aceitunas, tajadas de cebolla, pepinillos. Incluso salchichas.

ACANALADOR

Una herramienta sofisticada. Este cuchillo dispone de una cuchilla especial para cortar espirales de piel de cítricos, vaciar melones y probablemente muchos otros usos artísticos.

EXPRIMIDOR
DE CÍTRICOS

Siempre, siempre, siempre utilice zumo natural de cítricos. Jamás escatime en este aspecto de la mixología. Haga rodar la fruta presionándola sobre una superficie dura, pártala por la mitad y exprímala utilizando los dedos para colar las pepitas al hacerlo.

PAJITAS,
SOMBRILLAS
Y MONOS
DE PLÁSTICO

Un reto. Crear cócteles asombrosos a todas luces significa que por sí mismos ya deben ofrecer un aspecto y sabor extraordinarios. Sin sombrillitas, monos de plástico, cubitos iluminados con LED ni pajitas que uno puede ponerse a modo de gafas. Dicho lo cual, resulta algo más que agradable añadir algún adorno a la bebida. Disponga siempre de pajitas en el mueble bar –las de papel a rayas rojas y blancas resultan llamativas– y algún que otro mono de plástico no hace daño a nadie. Guarde las pajitas más descaradas para ocasiones realmente especiales, como una fiesta de 80 cumpleaños.

CUCHARA
COCTELERA

La clásica es de mango largo y en espiral, acabado plano en un extremo y con una cuchara en forma de gota de agua en el otro, que se emplea para remover y medir ingredientes. No es imprescindible, pero queda bastante guay.

AGITADOR

Más que un accesorio de coctelería en sí, el agitador permite al bebedor gobernar su bebida y mezclarla al degustarla. Ideal para combinados con fruta u otras guarniciones o para invitados nerviosos que necesitan algo entre los dedos.

Los
vasos

EVITE LA CRISTALERÍA ORDINARIA PARA SERVIR
SUS COMBINADOS. PRESÉNTELOS CON
DISTINCIÓN E INVIERTA EN UNOS CUANTOS
VASOS Y COPAS BUENOS

COPA POMPADOUR

La copa corta, en forma de trompeta, perfecta para champán y vinos espumosos; también resulta indicada como alternativa a la copa Martini o de cóctel. (**Fig. 1**)

TAZA DE COBRE

Emblemática taza de cobre tradicionalmente utilizada para el Moscow Mule o el Mojito que, repleta de hielo, forma una condensación muy refrescante.

COPA MARTINI

La copa más icónica de la cultura del cóctel. Su refinado pie y copa cónica forman un recipiente grande y poco hondo. También llamada copa de cóctel, pierde la habilidad de mantener su contenido a medida que avanza la velada. (**Fig. 2**)

VASO DE CHUPITO

Corto y simple. Verter, tomar, golpear la mesa. Fin. Puede usarse como medidor.

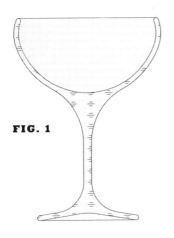

FIG. 1

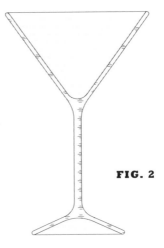

FIG. 2

VASO BOSTON

El hermano gemelo del vaso cervecero, cambiado al nacer. Ideal para mezclar en él combinados o prepararlos uniéndolo al vaso de la coctelera. (**Fig. 3**)

VASO LARGO

Ostensiblemente alto, con un fondo grueso y resistente, capaz de contener 225-350 ml de combinado. También conocido como highball. (**Fig. 4**)

VASO CORTO

Vaso corto de lados rectos, perfecto para bebidas de un solo trago. Es mejor elegir un modelo con base pesada. También llamado old fashioned. (**Fig. 5**)

VASO COLLINS

Es la versión delgada del vaso largo, normalmente de lados rectos. (**Fig. 6**)

FIG. 4

FIG. 3

FIG. 5

FLAUTA

La copa aflautada utilizada para cócteles de champán, el Bellini y la Mimosa. (**Fig. 7**)

TARRO DE MERMELADA

No hay reglas para servir los combinados, o acerca de los recipientes en los que hacerlo. Existen muchas alternativas para sorprender a sus invitados: tarros de mermelada, tazas de té, probetas o matraces de laboratorio, tazas de té rusas, incluso zapatos. (**Fig. 8**)

VASO TIKI

Este vaso nació en los bares tropicales americanos de mediados del siglo pasado y se atribuye a Don the Beachcomber, padre fundador de la cultura tiki. Es un vaso alto de cerámica, de diseño retorcido que representa una cara semejante a un moái de la isla de Pascua.

FIG. 6

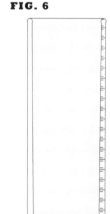

FIG. 7

FIG. 8

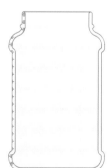

Trucos de experto

**NO SOLO SE TRATA DE AGITAR LA COCTELERA:
SE REQUIERE UN POCO DE TÉCNICA PARA CREAR
UN COMBINADO CON RON PERFECTO.
ES LOCURA, PERO CON ARTE**

CÓMO
SE HACE

CÓMO AGITAR

Es el eterno debate en el mundo de la coctelería. ¿Cuánto tiempo hay que agitar el combinado para que salga perfecto? No existe acuerdo. Hay quien dice que 15 segundos, otros afirman que menos. Aquí nos la jugamos y apostamos por 7 segundos cortos y vigorosos. Más tiempo podría diluir demasiado la mezcla y mermar su potencia. Aparte de esto, nada de voltear botellas ni encender bengalas, aunque unos malabares con limones y limas no estarán de más.

CÓMO MEZCLAR

Saque la cuchara y el vaso mezclador y mezcle las bebidas con suavidad y destreza utilizando hielo para enfriar el combinado. Cuando se forme condensación en el exterior del vaso, estará listo.

CÓMO REFRIGERAR

Si dispone de espacio, reserve un cajón en el congelador para guardar las copas, o llénelas de cubitos para que se enfríen. Deséchelos después.

POTENCIA

Todos los cócteles son potentes, pero algunos más que otros. Cada bebida debe procurar alcanzar un equilibrio de sabores y diversos niveles de intensidad, pero no debería emborrachar (al menos no por sí sola). Respetar las medidas es muy importante.

PRESENTACIÓN

Las guarniciones frescas, las copas limpísimas, los cubitos de agua mineral y un equilibrio perfecto de colores y texturas son esenciales.

AROMAS

La bebida debe oler genial, no solo saber bien. Esto se consigue con bíteres, zumos naturales y pieles de cítricos repletos de aceites fragantes.

CÓMO CREAR UN BUEN FONDO DE BAR

Además de una colección con los mejores rones del mundo –desde el Havana Club (página 13) hasta el Kraken (página 16)– y de sus propias infusiones caseras (página 34), cree su fondo de bar con unos cuantos licores fuertes, limpios y clásicos, alguna compra especial y unas cuantas rarezas. No es necesario hacer acopio de licores añejos para los cócteles –sus cualidades más sutiles se pierden en la mezcla–, pero hay que invertir en productos de calidad.

RON

Hablaremos de los rones más especiales más adelante. Por ahora, al menos, invierta en uno de más calidad, como un Zacapa o un Brugal Añejo para sentirse menos como Los piratas del Caribe y más como George Clooney en su yate.

SIROPE

Ingrediente esencial en coctelería. El sirope sencillo, básico o de azúcar, es azúcar líquido mezclado a partes iguales con zumo de cítricos, y aporta una agradable nota agridulce al combinado. Adquiera una versión de sirope sencillo (Monin es buena marca) o elabórelo usted mismo (página 38).

BÍTERES

El amargo de Angostura (venezolano a través de Trinidad y Tobago) es esencial en un bar. Se dice que quita el hipo, y esta tintura, en parte herbal y en parte alcohólica, es muy aromática y aporta a los cócteles profundidad y complejidad de sabor, y colorea de un sutil tono rosado los licores blancos. La marca de jarabes y bíteres Fee Brothers (fundada en 1864) es un buen comienzo: sus bíteres envejecidos en barricas de whisky, de ruibarbo y ciruela, en especial, son deliciosos.

CAMPARI Y APEROL

Bíteres rojos e intensos que ensalzan los cócteles y son la base del Negroni y el Americano, capaces de cambiarle la vida a cualquiera al combinarlos con soda y vino espumoso.

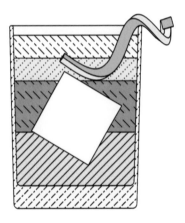

CASIS

Invierta en una buena crema de casis o crema de moras: licores de bayas negras para el Kir, el Kir Royale y muchos más, además de ser ideales para endulzar recetas neutras con ginebra. Añada unas gotas a la Piña Colada para darle un toque frutal.

GINEBRA

La ginebra, gin o «fogonazo», como quiera llamarle, ha evolucionado mucho desde sus inicios como bebida demoníaca de los bajos fondos londinenses. Las ginebras artesanales de calidad han elevado este licor hasta sublimarlo. ¿La estrella del panorama actual? La marca artesanal escocesa The Botanist.

TEQUILA

Licor de agave que funde los sesos. Sin envejecer (o envejecido un máximo de 60 días en recipientes de acero), el blanco o plata es un elemento esencial del bar. El tequila joven u oro es dulce y suave, con el color y el sabor del caramelo. El reposado, envejecido en barricas o toneles forrados de madera, aporta un toque ahumado a los combinados.

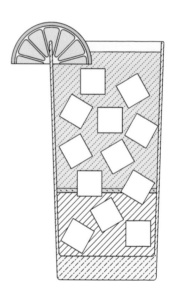

VERMUT

Licor de vino blanco con ingredientes botánicos, en versión dulce o seca. Disponga de ambas, refrigeradas una vez abiertas.

VODKA

Si busca marcas fiables, opte por Stolichnaya, Smirnoff y Absolut. Más espectacular es el vodka Crystal Head, más caro y presentado en una botella en forma de calavera.

WHISKY

Para los cócteles, opte por un bourbon fuerte en lugar de un whisky de malta envejecido. Monkey Shoulder, Knob Creek y Bullet son buenos todos candidatos.

OTROS

Casi nadie emplea ya refresco de cola para sus combinados. Nadie (aunque se permite un chorrito

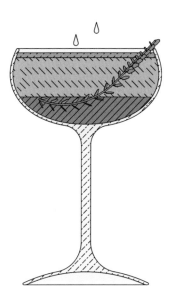

para el Té Helado de Long Island). Aunque parece que el cubalibre es una bebida que nunca morirá. Disponga de una lata a mano y tenga ginger-ale o cerveza de jengibre, agua con gas, prosecco, cava o champán, y zumos naturales de cítricos, agua de coco y –siempre– un montón de hielo.

Infusiones y siropes para preparar en casa

ENRIQUEZCA UN RON BÁSICO (PERO DE CALIDAD) CON SUS PROPIAS INFUSIONES O CREE UNA REDUCCIÓN PARA POTENCIAR SU SABOR

INFUSIONES

RON AL LAUREL

INGREDIENTES

2 o 3 hojas de laurel
500 ml de ron

RECIPIENTE Frasco de cristal con tapa hermética o botella con tapón de 500 ml

ELABORACIÓN Deje reposar las hojas de laurel en el ron durante al menos 3 días en un lugar fresco y oscuro.

RON AL JENGIBRE

INGREDIENTES

un trozo de jengibre pelado del tamaño del pulgar
1 cucharada colmada de azúcar moreno
500 ml de ron

RECIPIENTE Frasco de cristal con tapa hermética o botella con tapón de 500 ml

ELABORACIÓN Añada el jengibre y el azúcar al ron y remueva bien. Deje reposar durante al menos 3 días en un lugar fresco y oscuro, y remueva de vez en cuando, antes de colar y servir.

RON DE ANÍS

INGREDIENTES

1 o 2 estrellas de anís
una ramita de canela
1 cucharadita de azúcar moreno
500 ml de ron blanco o añejo

RECIPIENTE Frasco de cristal con tapa hermética o botella con tapón de 500 ml

ELABORACIÓN Añada el anís, la canela y el azúcar al ron y remueva bien. Deje reposar durante al menos 3 días en un lugar fresco y oscuro, y remueva de vez en cuando, antes de colar y servir.

APENAS LEGAL

CÓMO ESPECIAR SU PROPIO RON

Los piratas de antaño necesitaban un hígado de hierro para beber su propio caldo de caña de azúcar majada y fermentada. No es de extrañar que el almirante Edward Vernon, oficial británico, en 1740 recomendara a sus hombres que diluyeran el licor con zumo de lima y azúcar: un combinado cariñosamente conocido como The Limey (El inglés). En la actualidad, elaborar el propio ron es una actividad más civilizada.

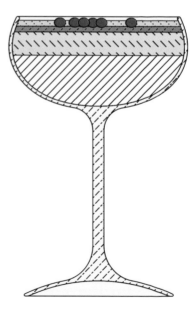

RON ESPECIADO CASERO

Los clavos y la canela aportan una nota cálida y exótica, y el aroma de la piel de naranja resulta particularmente estimulante (aunque hay que usarlo con frugalidad y eliminar toda la piel blanca). La raíz de regaliz añade un poco de dulzor y el frescor del jengibre proporciona viveza.

INGREDIENTES

1 vaina de vainilla
unas cuantas vainas de cardamomo
un trozo de piel de naranja del tamaño de la palma de la mano (sin piel blanca)
1 bastón de regaliz
1 ramita de canela
4-5 clavos de olor
un trozo de jengibre pelado del tamaño del pulgar
500 ml de ron bueno (blanco o algo añejo, pero no negro)

UTENSILIOS

Cuchillo, tabla de cortar, colador

RECIPIENTE

Botella de cristal con tapón de 500 ml

ELABORACIÓN

Esterilice la botella lavándola en el lavavajillas o sumergiéndola en agua hirviendo. Abra la vaina de vainilla a lo largo y chafe las vainas de cardamomo: al abrirse las semillas saldrán. Corte en trocitos la piel de naranja. Ponga todos los ingredientes en la botella. Deje reposar en un lugar oscuro y fresco durante al menos 2 días, o más si desea un sabor más fuerte. Cuele y sirva.

SIROPES

Dulces. Al suavizar la acidez de los cítricos y el amargor de algunos licores, un punto de sirope puede transformar una bebida y convertir el aguardiente más duro en un refresco. El sirope aromatizado aporta un nivel de complejidad que un ingrediente fresco no consigue. Y elaborarlo es facilísimo: empiece con la receta de básica de sirope, pase a las infusiones de sabor y luego invente sus propias creaciones. Puede adquirir sirope ya hecho, pero es tan sencillo prepararlo que no es necesario.

No es esencial utilizar azúcar moreno, pero sabe mejor, no contiene sustancias químicas y –en sus recetas de coctelería y siropes– concede una irregularidad a los procesos que solo se consigue con productos elaborados a mano.

Las recetas que siguen dan para unos 15 usos.

SIROPE BÁSICO

INGREDIENTES

200 ml de agua
100 g de azúcar demerara (turbinado), de caña o granulado (crudo)
1 cucharada de jarabe de maíz o jarabe de azúcar invertido (opcional)

UTENSILIOS Cazo antiadherente, cuchara de madera y embudo

RECIPIENTE Tarro de cristal con cierre hermético de 200 ml o botella de cristal con tapón

ELABORACIÓN Hierva el agua y añada poco a poco el azúcar. Baje el fuego y remueva sin parar durante 3-5 minutos, hasta que el azúcar quede disuelto y el sirope se aclare. Apague el fuego y deje enfriar. Mientras esté aún líquido, páselo con el embudo al tarro o la botella de cristal esterilizados. Una cucharada de jarabe de maíz cuando se haya enfriado favorece la textura suave del sirope. Se conserva en la nevera hasta 6 semanas.

SIROPE ESPECIADO CON AZÚCAR MORENO

INGREDIENTES

200 ml de agua
100 g de azúcar moreno integral
1 cucharada de jengibre rallado
1 cucharada de jarabe de maíz o jarabe de azúcar invertido (opcional)

UTENSILIOS Cazo antiadherente, cuchara de madera, estameña, colador, cuenco resistente al calor y embudo

RECIPIENTE Tarro de cristal con cierre hermético de 200 ml o botella de cristal con tapón

ELABORACIÓN Hierva el agua y añada poco a poco el azúcar y el jengibre. Baje el fuego y remueva sin parar durante 3-5 minutos, hasta que el azúcar quede disuelto. Apague el fuego y deje enfriar unos 20-30 minutos para que los sabores hagan infusión. Mientras esté aún líquido, páselo por un colador forrado con la estameña al cuenco para decantarlo después al tarro o a la botella de cristal esterilizados. Una cucharada de jarabe de maíz cuando se haya enfriado favorece la textura suave del sirope. Se conserva en la nevera hasta 6 semanas.

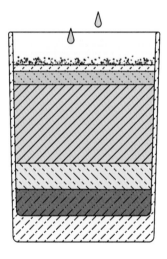

SIROPE DE RUIBARBO, JENGIBRE Y ANÍS ESTRELLADO

INGREDIENTES

200 ml de agua
100 g de azúcar demerara
(turbinado), de caña o granulado
(crudo)
2 tallos de ruibarbo, troceados
1 cucharada de jengibre rallado
1 estrella de anís, chafada
zumo de limón, recién exprimido
1 cucharada de jarabe de maíz
(opcional)

UTENSILIOS Cazo
antiadherente, cuchara de madera,
estameña, colador, cuenco
resistente al calor y embudo

RECIPIENTE Tarro de cristal
con cierre hermético de 200 ml o
botella de cristal con tapón

ELABORACIÓN Hierva el
agua y añada poco a poco el azúcar,
el ruibarbo, el jengibre, el anís y el

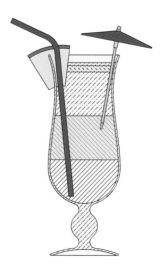

zumo de limón. Baje el fuego y
remueva durante 3-5 minutos,
hasta que el azúcar quede disuelto.
Apague el fuego y deje enfriar unos
20-30 minutos para que los
sabores hagan infusión. Mientras
esté aún líquido, páselo por un
colador forrado con la estameña al
cuenco para decantarlo después
al tarro o a la botella de cristal
esterilizados. Una cucharada de
jarabe de maíz cuando se haya
enfriado favorece la textura suave
del sirope. Se conserva en la nevera
hasta 6 semanas.

OTROS SIROPES

Utilizando como base el sirope básico (página 38), elabore sus propias infusiones, variando las cantidades a su gusto, en función de la potencia de los sabores. Una o dos ramitas bastarán para el sirope de romero, mientras que para el de menta o albahaca hará falta un buen puñado de hojas. No es una ciencia exacta.

Albahaca
Anís estrellado
Azúcar moreno
Café molido
Cardamomo
Chile
Jengibre
Lima
Melaza
Menta
Pimienta rosa
Romero
Salvia
Vainilla

Recetas

DESDE CLÁSICOS INTENSOS Y CHISPEANTES
HASTA INVENTOS MODERNOS, DESCUBRA
POR QUÉ EL RON HA SIDO SIEMPRE LA
DEBILIDAD DE LOBOS DE MAR, MARINEROS
Y LOS MEJORES BÁRMANES DEL MUNDO

LOS CLÁSICOS

Las combinaciones clásicas con ron se hallan en toda carta de cócteles que se precie, como debe ser. Perfectamente equilibradas, y cada una con su historia secreta, estas potentes recetas aciertan en la diana con clase.

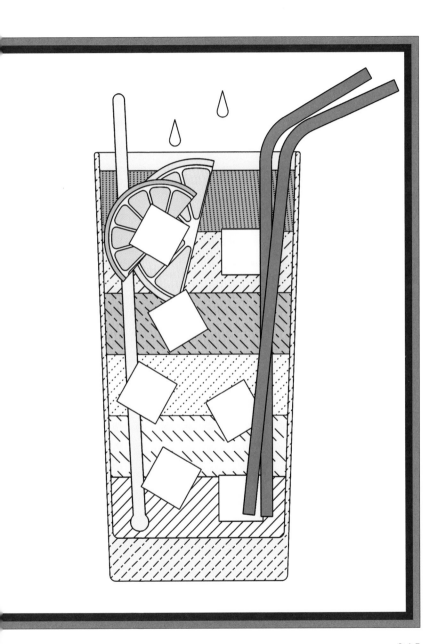

PIÑA COLADA

¿Recuerda aquellas vacaciones en la playa, de adolescente, cuando aquel cuerpazo de surfista le untaba sus prietas carnes con loción solar de aceite de coco y el corazón se le aceleraba? He aquí aquella sensación, servida en una copa, con la potencia de pegada tropical añadida de la piña natural y al menos tres sombrillitas de papel.

INGREDIENTES

1	trozos de piña natural	un puñado
2	ron blanco	60 ml
3	zumo de piña, recién licuado	60 ml
4	crema de coco	60 ml
5	sirope básico casero (página 38)	unas gotas
6	rodaja de piña	para decorar

UTENSILIOS Batidora

ELABORACIÓN Ponga los trozos de piña y mucho hielo en la batidora. Vierta encima el ron, el zumo de piña y la crema de coco, añada el sirope y triture hasta obtener un licuado cremoso. Sirva en una copa fría (la clásica es una huracán, pero una Pompadour o un vaso corto sirven) con una pajita, y decore con una cuña de piña fresca y tantas sombrillitas y monos de plástico como se atreva.

SIRVA EN: COPA HURACÁN, POMPADOUR O VASO CORTO

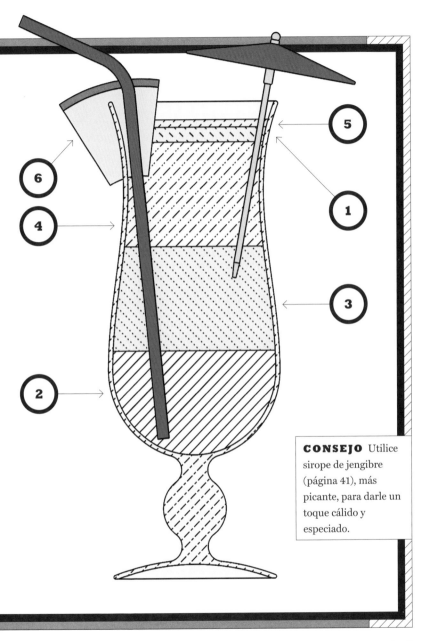

CONSEJO Utilice sirope de jengibre (página 41), más picante, para darle un toque cálido y especiado.

DARK AND STORMY

Una de las mejores maneras de coger el puntillo con ron añejo es esta icónica y refrescante combinación, bastante sencilla, supuesta bebida nacional de las Bermudas (de hecho, muchos lo juran por el ron bermudeño Gosling's Black Seal). Vierta primero el ron para conseguir una mezcla perfecta, o añádalo al final y déjelo escurrir espectacularmente por el hielo.

INGREDIENTES

1	ron añejo	60 ml
2	zumo de lima, recién exprimido	10 ml
3	cerveza de jengibre	para llenar
4	rodajas de lima	para decorar

UTENSILIOS Cuchara coctelera

ELABORACIÓN Llene un vaso largo con hielo, vierta el ron y el zumo de lima, y acabe de llenar con la cerveza de jengibre. Remueva y sirva con rodajas de lima.

SIRVA EN:
VASO LARGO

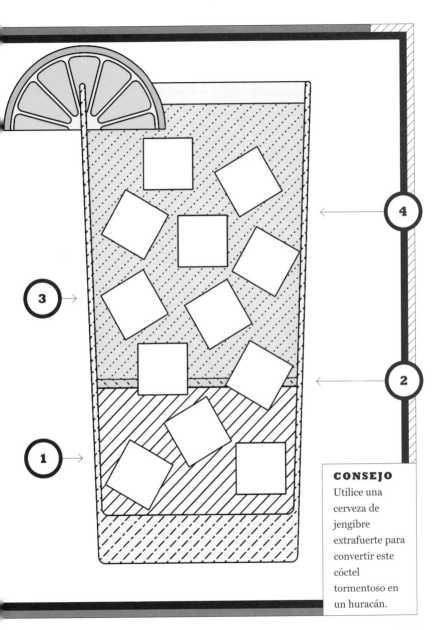

CONSEJO
Utilice una cerveza de jengibre extrafuerte para convertir este cóctel tormentoso en un huracán.

MOJITO

Este legendario cóctel cubano a cinco bandas –ron blanco, azúcar, menta, lima y soda– es el producto de exportación con más magia de la isla. Clásico en vaso largo, el atractivo atemporal del Mojito radica en su simplicidad: aunque los más devotos discreparían, cuesta no hacerlo bien.

INGREDIENTES

1	cuñas de lima	2
2	azúcar (crudo) demerara	2 cucharaditas
3	hojas de menta fresca	12
4	ron blanco	60 ml
5	soda fría	para llenar
6	ramita de menta	para decorar

UTENSILIOS Majadero, cuchara coctelera

ELABORACIÓN Maje las cuñas de lima con el azúcar en el vaso largo presionando bien, si desea mucho sabor cítrico, y menos, si lo prefiere más sutil. Añada las hojas de menta y maje suavemente. Llene el vaso hasta tres cuartos de capacidad con hielo picado, agregue el ron y remueva. Para terminar, añada más hielo picado, llene hasta arriba con soda y decore con una ramita de menta.

SIRVA EN:
VASO LARGO

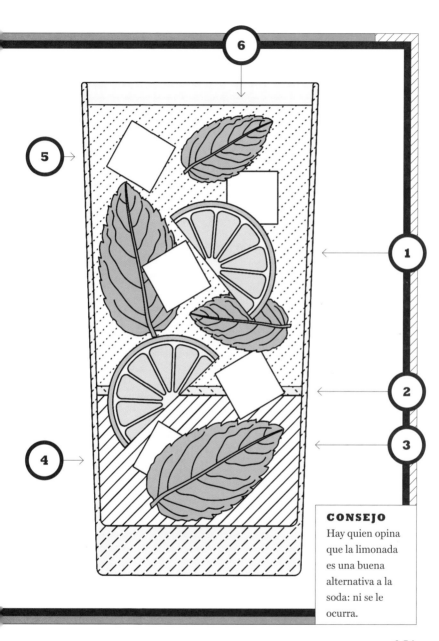

CONSEJO
Hay quien opina
que la limonada
es una buena
alternativa a la
soda: ni se le
ocurra.

MONKEY WRENCH

No son necesarias muchas probaturas con el clásico cóctel de ron, pomelo y bíter: es casi perfecto tal cual. Pero si le apetece dárselas de moderno y tunear esta bebida fuerte y ácida (con zumo de pomelo rosado en lugar de blanco), no le hará falta desviarse demasiado del original.

INGREDIENTES

1	ron blanco	60 ml
2	zumo de pomelo rosado, recién exprimido	120 ml
3	guinda al marrasquino	1
4	bíter de Angostura	unas gotas

UTENSILIOS Cuchara coctelera

ELABORACIÓN Ponga el ron y el zumo de pomelo en un vaso frío sobre trozos grandes de hielo, remueva bien, añada la guinda y unas gotas de bíter y sirva.

SIRVA EN:
VASO CORTO

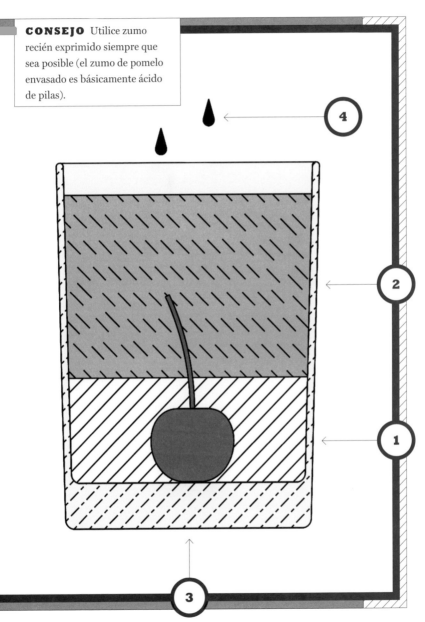

CONSEJO Utilice zumo recién exprimido siempre que sea posible (el zumo de pomelo envasado es básicamente ácido de pilas).

MAI TAI

El cóctel tiki por excelencia. Se dice que es una creación de Victor J. Bergeron y fue la estrella del mítico movimiento tropical tiki de la década de los 40 del siglo pasado que se inició en su famoso restaurante y local de moda, el Trader Vic. «Maita'i» significa «bueno» en tailandés. ¿Quiénes somos nosotros para discutirlo? El sirope de horchata proporciona al Mai Tai su agradable sabor a fruto seco.

INGREDIENTES

1	ron añejo	60 ml
2	zumo de lima, recién exprimido	25 ml
3	curasao de naranja	15 ml
4	sirope básico casero (página 38)	10 ml
5	sirope de horchata	10 ml
6	ramita de menta fresca	para decorar
7	cuña de lima	para decorar

UTENSILIOS Coctelera

ELABORACIÓN Agite los ingredientes líquidos con hielo hasta que se condensen gotas en la coctelera. Sirva en una copa Pompadour o un vaso corto frío, y decore con una ramita de menta y una cuña de lima.

SIRVA EN: VASO CORTO O COPA POMPADOUR

7

6

5

4

3

2

1

TÉ HELADO DE LONG ISLAND

Una taza de té caliente y un poco de vodka parece una combinación... rara. Deshágase del té, cámbielo por un cubo de alcohol y hielo, y se convertirá en una bebida elegante y artística.

INGREDIENTES

1	ron blanco	30 ml
2	vodka	30 ml
3	ginebra	30 ml
4	tequila	30 ml
5	zumo de limón, recién exprimido	30 ml
6	licor de naranja	30 ml
7	sirope básico casero (página 38)	unas gotas
8	rodaja de limón	para decorar
9	rodaja de lima	para decorar

UTENSILIOS Cuchara coctelera, agitador

ELABORACIÓN Eche todos los ingredientes en un vaso lleno de cubitos de hielo, remueva y añada las rodajas de cítricos. Sirva con un agitador y dos pajitas.

SIRVA EN:
VASO LARGO

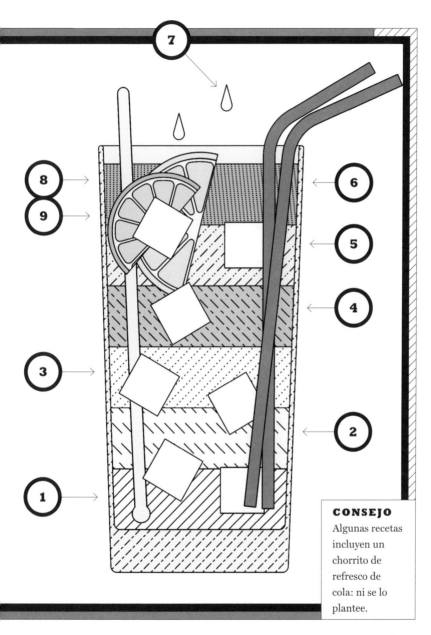

CONSEJO

Algunas recetas incluyen un chorrito de refresco de cola: ni se lo plantee.

LOS DAIQUIRIS

El Daiquiri es la icónica trifecta de ron, cítricos y azúcar que ha significado la ruina de más de uno. Claramente, se trata de una pendiente resbaladiza que empieza con el sedado Hemingway y termina con un combinado desmelenado: el Daiquiri Clásico de Fresa, con todo su amaneramiento al descubierto.

DAIQUIRI HEMINGWAY

Uno de los cócteles de ron más representativos, el Hemingway conjura sabiamente imágenes fantásticas de escritores libertinos en climas tropicales. Este combinado cítrico y sutilmente dulce al parecer fue creado para el escritor estadounidense en uno de sus múltiples viajes a Cuba en la década de 1920 y posee extraordinarios poderes de transformación. Como dijo Hemingway: «Bebo para que los demás me resulten más interesantes».

INGREDIENTES

1	ron blanco	60 ml
2	zumo de lima, recién exprimido	25 ml
3	zumo de pomelo, recién exprimido	15 ml
4	marrasquino	15 ml
5	rodaja de lima	para decorar

UTENSILIOS Coctelera y colador o batidora

ELABORACIÓN Llene la coctelera con hielo picado, añada el ron, los zumos de lima y pomelo, y el marrasquino, y agite con todas sus fuerzas hasta que la mezcla quede espumosa. Cuele en una copa fría y decore con la rodaja de lima.
También puede preparar una versión tipo granizado echando hielo y los ingredientes líquidos en la batidora y triturándolo todo.

SIRVA EN: COPA POMPADOUR

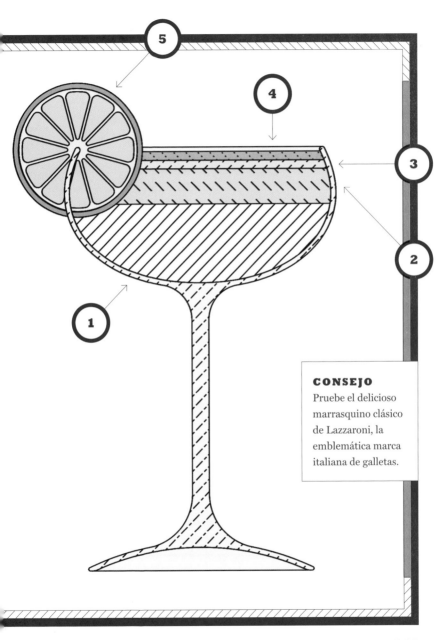

CONSEJO
Pruebe el delicioso marrasquino clásico de Lazzaroni, la emblemática marca italiana de galletas.

DAIQUIRI CLÁSICO DE FRESA

Adorado por recién casados, parejas en San Valentín y drag queens, el deliciosamente afeminado Daiquiri de Fresa es un cóctel que hay que dominar. La buena noticia es que es uno de los más fáciles de preparar, solo hay que asegurarse de que las fresas sean hermosas, dulces y maduras para dar comienzo al show.

INGREDIENTES

1	fresas frescas, maduras	3–4
2	ron blanco	60 ml
3	zumo de lima, recién exprimido	30 ml
4	sirope básico casero (página 38)	15 ml
5	un trozo de fresa	para decorar

UTENSILIOS Majadero, vaso mezclador y coctelera, o batidora

ELABORACIÓN Maje las fresas en el vaso mezclador. Llene la coctelera de hielo picado, añada las fresas, el ron, el zumo de lima y el sirope, y agite con todas sus fuerzas, hasta que se forme espuma. Cuele en una copa fría y decore con un trozo de fresa. También puede echar el hielo y los ingredientes al vaso de la batidora y triturar para una versión tipo sorbete.

SIRVA EN:
COPA POMPADOUR
O MARTINI

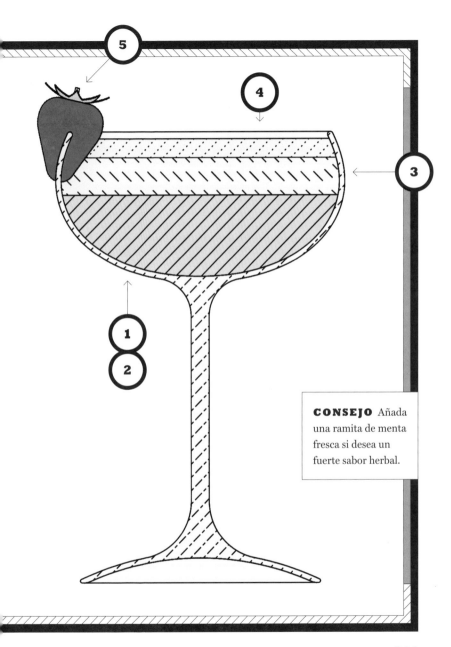

CONSEJO Añada una ramita de menta fresca si desea un fuerte sabor herbal.

SANGRE DE TIGRE

Una variación del Daiquiri clásico, igualmente fresca y estimulante, pero con un toque oscuro y especiado, y de tono rojo sangre. Utilice zumo de granada fresca, si es posible (triture las semillas, sin la piel blanca, y luego cuélelo); la barra de su bar parecerá ensangrentada como la escena de un crimen, pero vale la pena el estropicio.

INGREDIENTES

1	ron blanco	60 ml
2	zumo de lima, recién exprimido	30 ml
3	zumo de granada, recién exprimido	15 ml
4	sirope casero de anís y chile (página 41)	15 ml
5	semillas de granada fresca	para decorar

UTENSILIOS Coctelera y colador, o batidora

ELABORACIÓN Llene la coctelera de hielo picado, añada el ron, los zumos de lima y granada, y el sirope, y agite con todas sus fuerzas, hasta que se forme espuma. Cuele en una copa fría y decore con las semillas de granada. También puede echar el hielo y los ingredientes al vaso de la batidora y triturarlos.

SIRVA EN: COPA
POMPADOUR

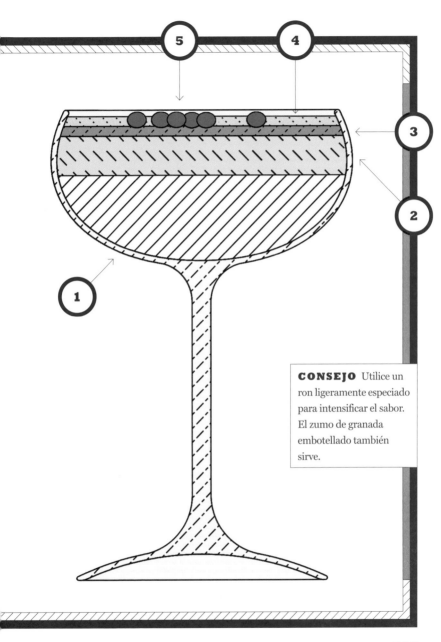

CONSEJO Utilice un ron ligeramente especiado para intensificar el sabor. El zumo de granada embotellado también sirve.

DAIQUIRI DE YUZU Y JENGIBRE

El cítrico japonés, el yuzu (ácido, como el pomelo), tal vez esté fuera de las tendencias culinarias actuales, pero –con zumo de clementina fresca– aporta poder cítrico a este Daiquiri delicioso, ácido y aromático con el punto picante y dulce del jengibre.

INGREDIENTES

1	ron blanco	60 ml
2	zumo de lima, recién exprimido	15 ml
3	sirope de jengibre casero (página 41)	10 ml
4	zumo de clementina, recién exprimido	30 ml
5	zumo de yuzu, recién exprimido, si es posible	unas gotas
6	agua con gas fría	para llenar
7	una tira de piel de naranja	para decorar

UTENSILIOS Coctelera, colador

ELABORACIÓN Llene la coctelera de hielo picado, añada el ron, los zumos de lima, clementina y yuzu y el sirope, y agite con todas sus fuerzas, hasta que se forme espuma. Cuele en una copa fría y acabe de llenarla con agua con gas. Decore con la piel de naranja.

SIRVA EN: COPA POMPADOUR

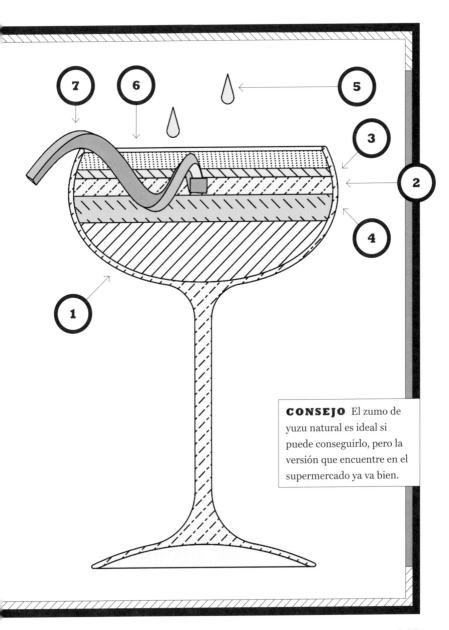

CONSEJO El zumo de yuzu natural es ideal si puede conseguirlo, pero la versión que encuentre en el supermercado ya va bien.

DAIQUIRI DE CEREZA Y TOMILLO

Una combinación herbal, fragante y de color rubí que posee toda la intensidad del Daiquiri pero con un dulzor añadido que equilibra a la perfección las ácidas notas cítricas, acentuadas por el aroma del tomillo fresco. Es como quedar embelesado ante un exuberante huerto de cerezos.

INGREDIENTES

1	ron blanco	60 ml
2	zumo de lima, recién exprimido	15 ml
3	licor Cherry Heering	30 ml
4	sirope básico casero (página 38)	10 ml
5	tomillo fresco	2 ramitas

UTENSILIOS Coctelera y colador, o batidora

ELABORACIÓN Llene la coctelera de hielo picado, añada el ron, el zumo de lima, el licor Cherry Heering, el sirope y una ramita de tomillo (hágala rodar entre las palmas de las manos para que suelte su sabor), y agite con todas sus fuerzas, hasta que se forme espuma. Cuele en una copa fría, sirva con una pajita y decore con otra ramita de tomillo. También puede echar el hielo y los ingredientes (separe algunas hojas de tomillo y deseche el tallo) al vaso de la batidora y triturarlo todo.

SIRVA EN:
COPA HURACÁN

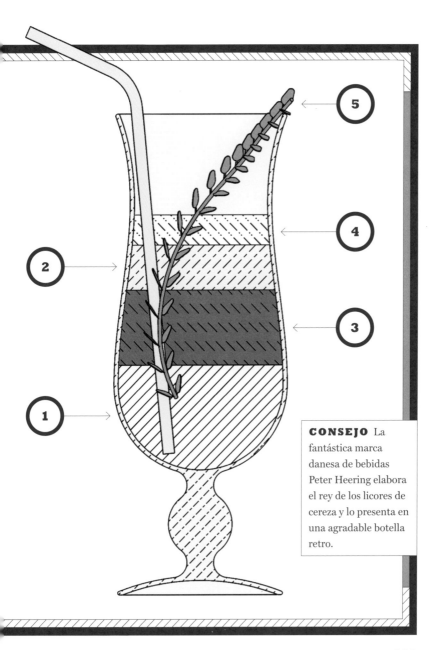

CONSEJO La fantástica marca danesa de bebidas Peter Heering elabora el rey de los licores de cereza y lo presenta en una agradable botella retro.

DAIQUIRI DE ALBAHACA Y LIMA

Este Daiquiri de atractivo color verde rana Gustavo, repleto de sabores herbales, se tritura, se agita y luego se cuela para servir un refinado cóctel espumoso. La albahaca tailandesa aporta una suave y sutil nota campestre, un increíble aroma y un rabioso tono verde. La lima –imprescindible en un Daiquiri– rebaja el dulzor del sirope.

INGREDIENTES

1	ron blanco	60 ml
2	zumo de lima, recién exprimido	30 ml
3	sirope básico casero (página 38)	15 ml
4	hojas de albahaca tailandesa fresca	un puñado
5	hoja de albahaca tailandesa o rodaja de lima	para decorar

UTENSILIOS Batidora, coctelera, colador

ELABORACIÓN Eche el ron, el zumo de lima, el sirope y la albahaca al vaso de la batidora y tritúrelo hasta obtener un líquido homogéneo. Luego, llene la coctelera de hielo picado, agregue el líquido y agite con todas sus fuerzas, hasta que se forme espuma. Cuele en una copa fría y decore con una hoja de albahaca o una rodaja de lima, o ambas.

SIRVA EN: COPA POMPADOUR

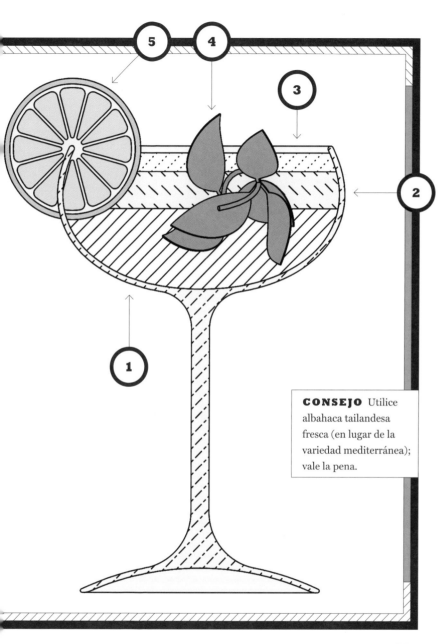

CONSEJO Utilice albahaca tailandesa fresca (en lugar de la variedad mediterránea); vale la pena.

LOS PONCHES

Hay algo brillantemente retro en las bebidas comunales, desde los ponches de instituto cargaditos de alcohol de las pelis de los ochenta hasta las enormes poncheras de los bares temáticos de los noventa. Encuentre aquí algunas de las mejores.

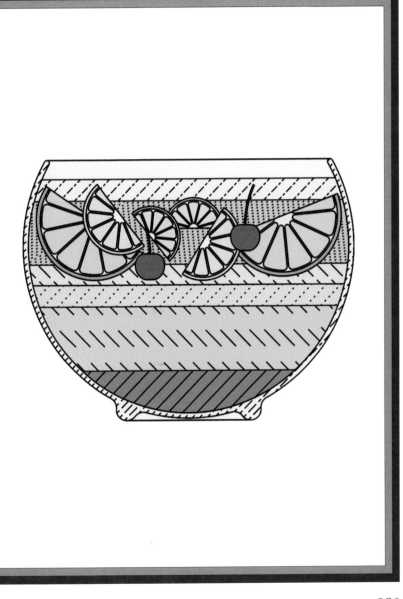

SANGRÍA PARTY

Una sangría blanca, aromática, con un punto tropical ridículamente fácil de preparar; perfecta para fiestas veraniegas en la terraza o para reuniones de expresidiarios. ¿Celebra algo de improviso? Añada unos trozos grandes de hielo para que se enfríe rápido la bebida o mezcle todos los ingredientes en un vaso con hielo picado para tomar granizados de sangría.

INGREDIENTES (PARA 4-6)

1	naranja	½
2	fresas frescas	4–5
3	trozos de piña	un puñado
4	ron blanco	250 ml
5	zumo de lima	1
6	vino blanco seco	1 bottle
7	zumo de piña, recién licuado	250 ml
8	ramitas de menta fresca	un puñado

UTENSILIOS Jarra de vidrio, cuchara coctelera

ELABORACIÓN Corte la naranja en rodajas finas y parta las fresas por la mitad, luego échelas a la jarra con la piña.
Vierta encima el ron, el zumo de lima, el vino y el zumo de piña, y déjelo enfriar 2-3 horas (para que la fruta haga infusión). Añada hojas de menta, remueva suavemente y sirva.

SIRVA EN: VASOS DE PLÁSTICO

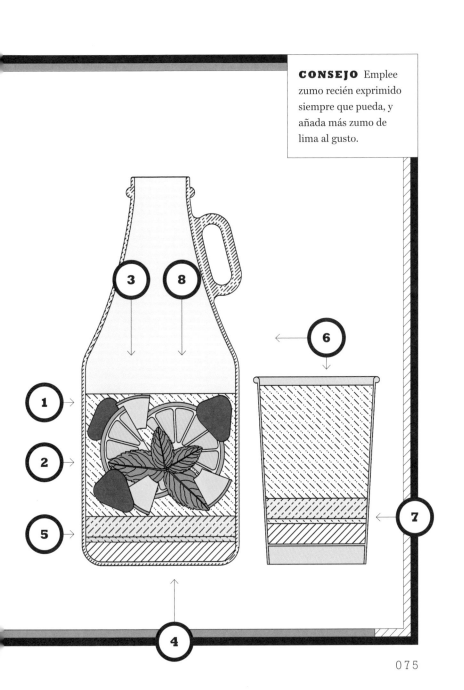

075

PONCHE DE COCO Y RON

Este ponche de color salmón pálido presenta un degradado de granadina que cautiva a todo el mundo. También lleva guindas y rodajas de cítricos y la potencia del ron al coco. Sírvalo en biquini hecho de cáscara de coco.

INGREDIENTES (PARA 4)

1	rodajas de naranja, limón y limaa	½ fruta de cada
2	guindas al marrasquino	5–6
3	ron al coco	250 ml
4	zumo de naranja, recién exprimido	500 ml
5	zumo de piña, recién licuado	250 ml
6	agua de coco	250 ml
7	cerveza de jengibre	500 ml o más
8	granadina	250 ml

UTENSILIOS Ninguno

ELABORACIÓN Llene la ponchera o jarra hasta la mitad de hielo, rodajas de cítricos y guindas, y vierta los líquidos encima, acabando con la cerveza de jengibre y la granadina –échela poco a poco para que se hunda en el fondo del ponche y se cree el degradado de color.

SIRVA EN:
PONCHERA
O JARRA

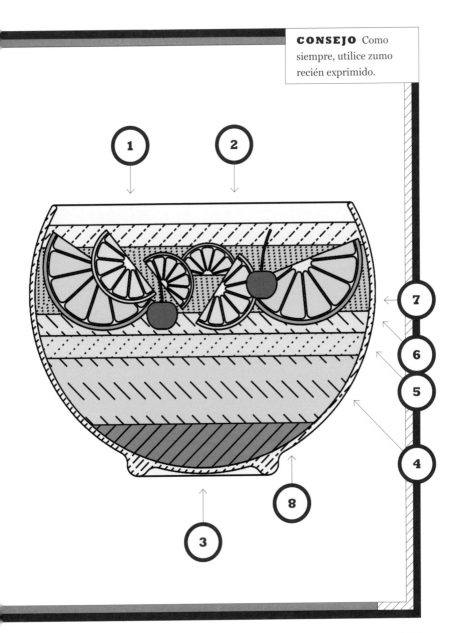

PONCHE DESIERTO

El delicado tono melocotón de este cóctel cítrico oculta el trasfondo de ron añejo y guindilla. Posee un sabor intenso y complejo que resulta fresco y picante, con un vivo aroma y un pellizco de calor desértico.

INGREDIENTES

1	guindilla	una rodajita
2	ron añejo	60 ml
3	mezcla de zumos de limón y naranja naturales	20 ml
4	sirope básico casero (página 38)	10 ml
5	bíteres de naranja y mandarina	unas gotas
6	tira de piel de naranja	para decorar

UTENSILIOS Majadero, vaso mezclador o coctelera, colador

ELABORACIÓN Maje la guindilla en un vaso o en la coctelera, añada los líquidos y un poco de hielo y agite hasta que se forme mucha espuma. Cuele en una copa fría y decore con la piel de naranja.

SIRVA EN: COPA
POMPADOUR

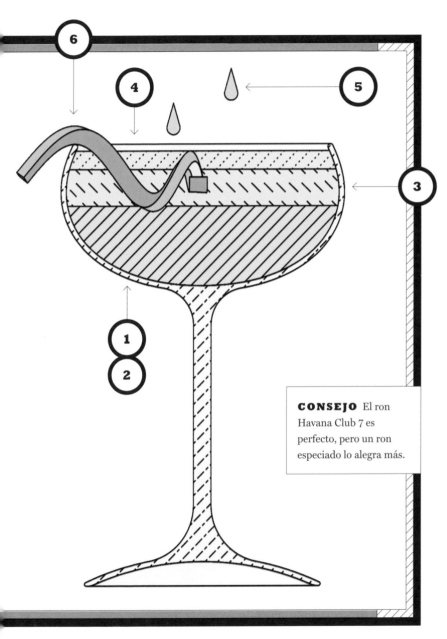

CONSEJO El ron
Havana Club 7 es
perfecto, pero un ron
especiado lo alegra más.

PONCHE DE TANGERINA Y ROMERO

El sabor caramelizado y de cítrico dulce de este ponche de ron se aviva con el aromático romero, que le da un sabor inesperadamente herbal que resulta redondo, afrutado y natural: como unas vacaciones nudistas en el Mediterráneo. Adorne con romero muy fresco y utilice una rama bien larga para que se menee sugestivamente contra la nariz del bebedor.

INGREDIENTES

1	tangerina	½
2	azúcar demerara (crudo)	2 cucharadas
3	romero	2 ramitas
4	ron blanco	60 ml
5	bíteres de naranja y mandarina	unas gotas

UTENSILIOS Plancha, cuchara coctelera

ELABORACIÓN Reboce la media tangerina con azúcar y dispóngala boca abajo sobre una plancha caliente con una ramita de romero hasta que la fruta quede blanda y caramelizada. Deseche el romero y deje templar la fruta. Retire la piel de la tangerina y corte la pulpa en cuartos; échelos en un vaso largo y májelos con el azúcar y el hielo para que suelten su jugo. Añada el ron y los bíteres y remueva hasta que se enfríe todo bien. Sirva con una ramita de romero.

SIRVA EN:
VASO LARGO

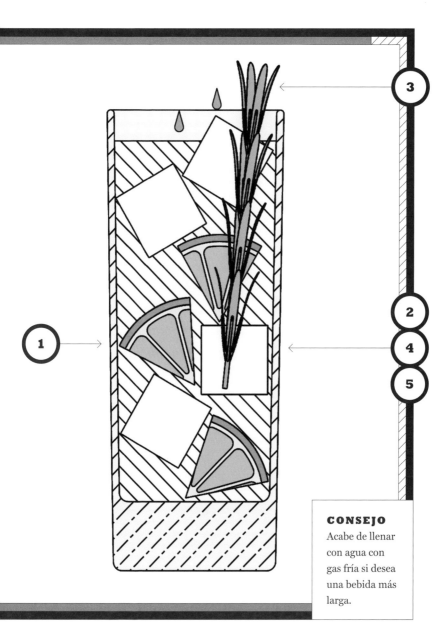

CONSEJO
Acabe de llenar
con agua con
gas fría si desea
una bebida más
larga.

CON POTENCIA CÍTRICA

La pareja original del ron es el zumo de cítrico: un chorrito de lima. Limón y pomelo natural, y un adorno de piel ácida, elevan el licor a un nivel que varía desde el ácido Pink Riviera (página 88) hasta el Muay Thai Face-Kicker (página 92).

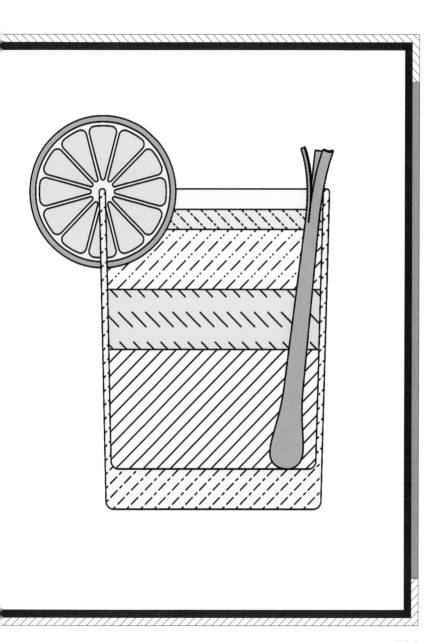

SHERBET SNOW

Los antiguos reyes persas bebían su sorbete –un lujoso zumo de fruta endulzado– con nieve de la montaña. Esta versión contemporánea es un poco más fiable (¿alguien quiere un poco de nieve amarilla?): con la acidez de la lima, el dulzor de la miel y el mágico toque aromático del azahar.

INGREDIENTES

1	ron blanco	60 ml
2	Cointreau	15 ml
3	zumo de lima, recién exprimido	15 ml
4	agua de azahar	2 gotas
5	sorbete de limón	120 ml
6	miel, con unas gotas de agua caliente	15 ml
7	piel de lima, rallada fina	para decorar

UTENSILIOS Coctelera

ELABORACIÓN Agite los líquidos con el sorbete con hielo y viértalo en una copa fría. Mezcle el agua caliente con la miel para que esta se diluya, luego viértala sobre la bebida. Añada la piel de lima para decorar.

SIRVA EN: COPA POMPADOUR

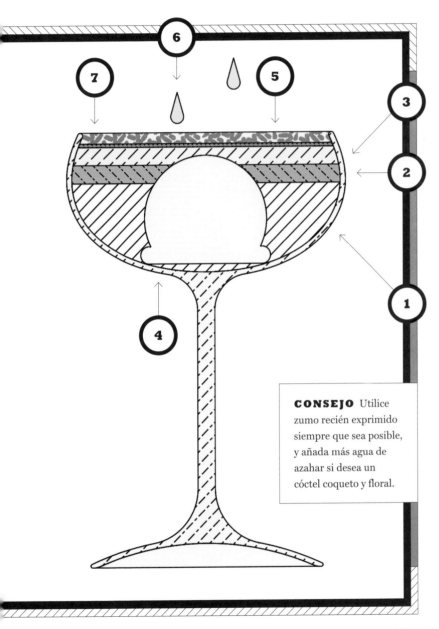

CONSEJO Utilice zumo recién exprimido siempre que sea posible, y añada más agua de azahar si desea un cóctel coqueto y floral.

GALENTINE

Los ingredientes de este brillante y jugoso cóctel pueden parecer sacados del mueble bar de la abuela (brandy de albaricoque, Cointreau), pero tenga paciencia: es una bebida fresca, cítrica y espumosa que consta de diversas capas (y es bastante fuerte).

INGREDIENTES

1	ron blanco	60 ml
2	brandy de albaricoque	15 ml
3	zumo de limón, recién exprimido	15 ml
4	zumo de naranja sanguina, recién exprimido	120 ml
5	Cointreau	15 ml
6	cuña de naranja	para decorar
7	guinda al marrasquino	para decorar

UTENSILIOS Coctelera

ELABORACIÓN Agite los ingredientes líquidos (excepto el Cointreau) con hielo hasta que se enfríen bien, y viértalos en un vaso lleno de hielo. Eche el Cointreau por encima y decore con la naranja y la guinda.

SIRVA EN:
VASO LARGO

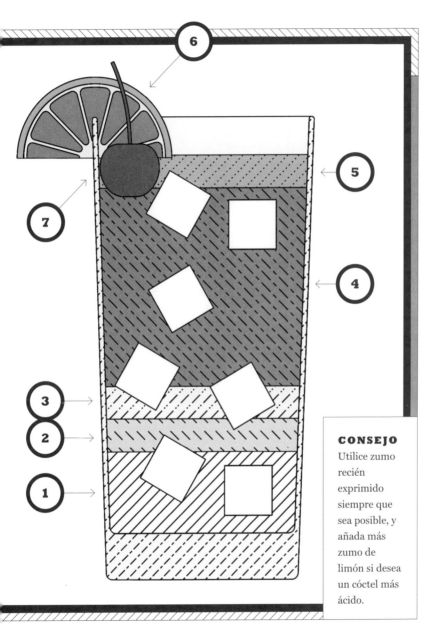

PINK RIVERA

Pomelo suavemente amargo equilibrado con flor de saúco dulce y aromática, sobre un fondo potente de ron claro. Un combinado de aspecto frágil que esconde una gran fuerza.

INGREDIENTES

1	ron claro	60 ml
2	licor de flor de saúco St-Germain	30 ml
3	zumo de pomelo rosado, recién exprimido	50 ml

UTENSILIOS Coctelera, colador

ELABORACIÓN Vierta los ingredientes líquidos en la coctelera. Agite con hielo hasta que se enfríen bien, y luego cuélelos en una copa fría.

SIRVA EN: COPA
POMPADOUR

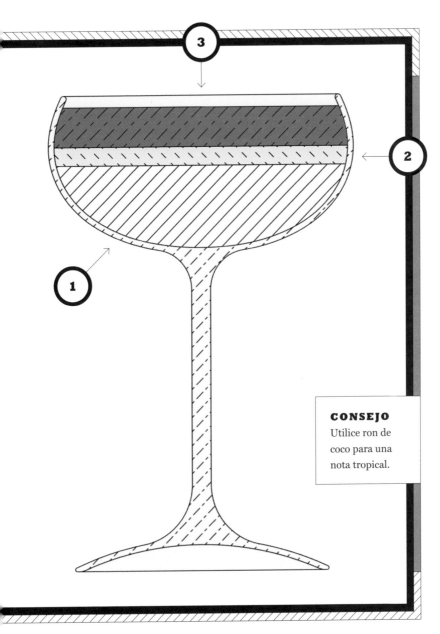

CONSEJO
Utilice ron de coco para una nota tropical.

DIRTY LITTLE RUBY

¿Le gusta el Negroni? Esta bebida corta y oscura a base de ron y aligerada con Campari posee una agradable acidez cítrica y el amargor para adultos tan intenso como la de su bebida italiana favorita de color rubí, pero con un sabor más profundo y oscuro.

INGREDIENTES

1	ron añejo	60 ml
2	zumo de limón, recién exprimido	40 ml
3	Campari	20 ml
4	bíteres de naranja y mandarina	unas gotas
5	una tira de piel de naranja	para decorar

UTENSILIOS Coctelera, colador

ELABORACIÓN Vierta los ingredientes líquidos en la coctelera y agite con hielo hasta que se enfríen bien. Cuele en una copa fría y decore con la piel de naranja.

SIRVA EN: COPA POMPADOUR

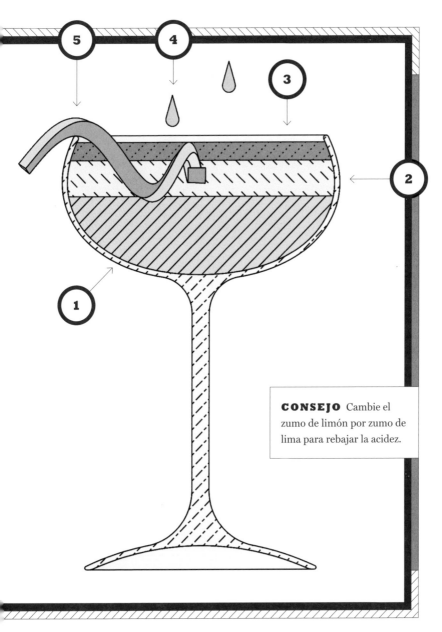

CONSEJO Cambie el zumo de limón por zumo de lima para rebajar la acidez.

MUAY THAI FACE-KICKER

Este sorprendente combinado con ron tailandés SangSom presenta una sutil nota de coco junto con la delicada fragancia de la caña de limón, completadas con el sabor picante del jengibre y la acidez cítrica de la lima, todo unido para asestar una patada circular de muay thai (boxeo tailandés) en la cara. El SangSom, elaborado con melaza, posee un sabor a azúcar moreno y coco ideal para el Face-Kicker.

INGREDIENTES

1	caña de limón	2 ramitas
2	ron SangSom	60 ml
3	zumo de lima, recién exprimido	30 ml
4	agua de coco fría	30 ml
5	sirope de jengibre casero (página 41)	20 ml
6	rodaja de lima	para decorar

UTENSILIOS Majadero, coctelera, colador

ELABORACIÓN Maje una caña de limón en la coctelera y añada hielo, el ron, el zumo de lima, el agua de coco y el sirope de jengibre, y agítelo. Cuélelo en una copa fría. Decore con la rodaja de lima y la caña de limón restante.

SIRVA EN:
VASO CORTO

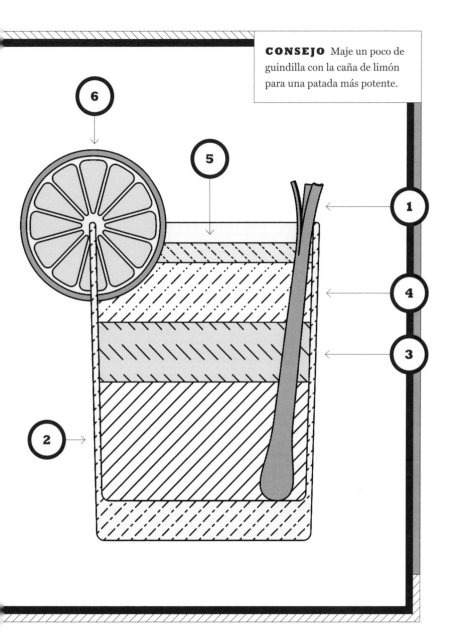

CONSEJO Maje un poco de guindilla con la caña de limón para una patada más potente.

LOS TROPICALES

Es hora de soltarse los cocos. ¿Existe una combinación de sabor más tropical que el ron con el fruto más sabroso de la naturaleza? No se pierda el llamativo Piña Ombré (página 96), un batido de leche de almendra con toque especial (página 100) y más.

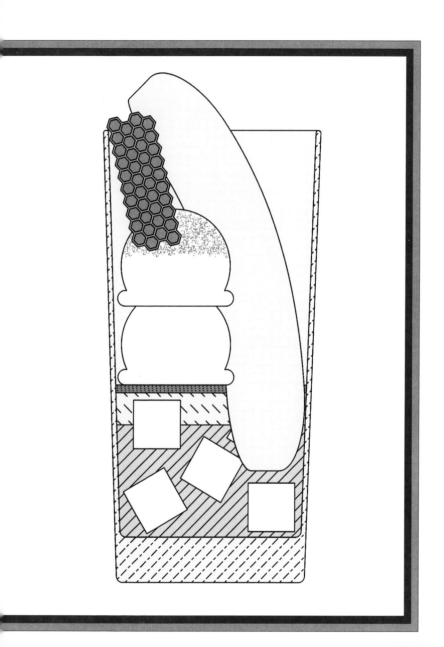

PIÑA OMBRÉ

Una espectacular combinación de inspiración tiki con sorbete de coco y un tono degradado digno de Pinterest. Este cóctel fresco, cremoso, tipo postre, es un regalo para los ojos: como un aerosol autobronceador comestible que resalta los abdominales y proporciona un acabado reluciente. Nota: esta receta es para dos bebidas o bien una doble para quedarse solo en casa.

INGREDIENTES (PARA 1-2)

1	ron de coco	90 ml
2	sorbete de coco	1 bola
3	leche de coco o de almendra	250 ml
4	trozos de piña congelada	250 ml
5	granadina	un chorrito

UTENSILIOS Batidora

ELABORACIÓN Eche la mitad del ron, el sorbete de coco y la leche de coco o almendra con un puñado de cubitos de hielo a la batidora, triture y reserve. Luego añada el resto del ron al vaso de la batidora con la piña congelada y triture. Reserve la mitad de la mezcla, luego añada unas gotas de granadina al resto de la mezcla y triture brevemente. Añada unas gotas de granadina al vaso (o vasos), luego la mezcla rosada con piña y después la amarilla, hasta que el vaso quede medio lleno. Acabe de llenar con la mezcla blanca.

SIRVA EN:
VASO CORTO

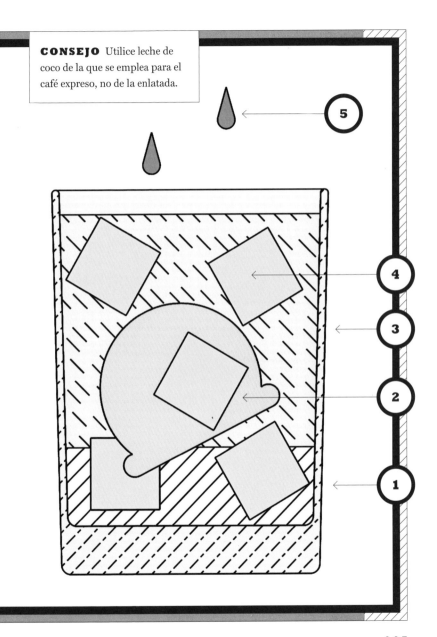

CONSEJO Utilice leche de coco de la que se emplea para el café expreso, no de la enlatada.

BANANAS FOSTER

El icónico postre retro con plátano flambeado –popular en los años ochenta– versionado como cóctel helado con la adición de un trozo de panal. Esta receta es muy fácil pero requiere pasar la potencial vergüenza de comprar licor de plátano (puede pedirle a un amigo que lo haga por usted). Por lo demás, una delicia.

INGREDIENTES

1	ron oscuro especiado	60 ml
2	licor de plátano	25 ml
3	plátano mediano	1
4	helado de vainilla de calidad	2 bolas
5	leche de almendras, si lo desea	un chorrito
6	panal de miel	1 trozo (del tamaño de un plátano pequeño), desmenuzado

UTENSILIOS Batidora

ELABORACIÓN Eche el ron, el licor de plátano y el helado al vaso de la batidora con algunos cubitos de hielo, y añada un chorrito de leche de almendra si desea un cóctel más ligero y menos espeso. Agregue parte del panal desmenuzado y triture brevemente para mezclarlo bien. Sirva en un vaso largo con el plátano y trocitos del panal por encima.

SIRVA EN:
VASO LARGO

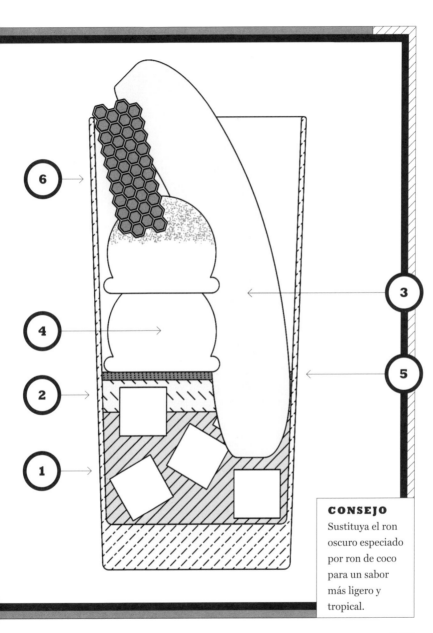

BATIDO DE RON CON LECHE DE ALMENDRA Y MALTEADA

Este batido cargadito se elabora con leche de almendra y no de vaca para conseguir una textura más ligera, y con una buena cantidad de dulce aroma de malta. El ron oscuro y añejo es la carga de potencia, y un buen helado y extracto (no esencia) de vainilla aportan el sabor y el aroma de una heladería de calidad.

INGREDIENTES

1	ron añejo	60 ml
2	leche de almendra sin edulcorar	60 ml
3	leche de malta en polvo	1 cucharada
4	extracto de vainilla	unas gotas
5	helado de vainilla	una bola
6	nuez moscada	para decorar

UTENSILIOS Batidora

ELABORACIÓN Triture los ingredientes, excepto la nuez moscada, junto con unos cubitos de hielo (añada más leche de almendra si desea un batido menos espeso) y viértalo en un vaso largo lleno de hielo. Ralle un poco de nuez moscada por encima.

SIRVA EN:
VASO LARGO

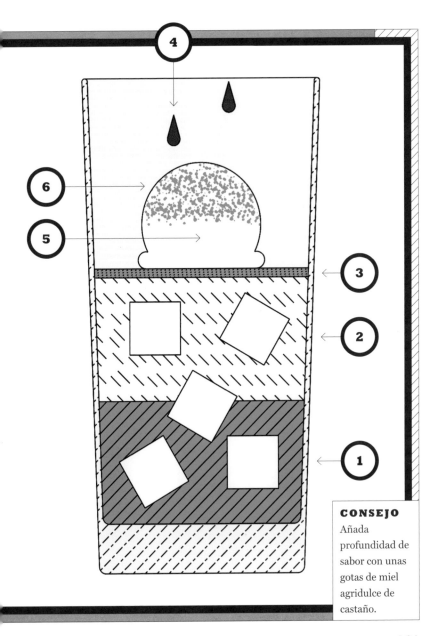

CONSEJO
Añada profundidad de sabor con unas gotas de miel agridulce de castaño.

PAINKILLER

Un cóctel tiki que le anestesiará las yemas de los dedos y la cabeza. Suele consumirse en masa con pajita de un bol gigantesco para compartir y posee un sabor dulce, cremoso e inocente que esconde su potencia. Vigile con él: será analgésico, pero no cura el sentimiento de culpa cuando al día siguiente se despierte en el techo del coche del vecino sin pantalones.

INGREDIENTES

1	ron añejo	60 ml
2	zumo de piña natural, recién licuado	120 ml
3	zumo de naranja, recién exprimido	30 ml
4	crema de coco	30 ml
5	sirope básico casero (página 38)	unas gotas
6	nuez moscada	para decorar

UTENSILIOS Coctelera

ELABORACIÓN Agite los ingredientes líquidos con hielo hasta que estén bien fríos, vierta en un vaso lleno de cubitos y ralle un poco de nuez moscada por encima.

SIRVA EN:
VASO LARGO

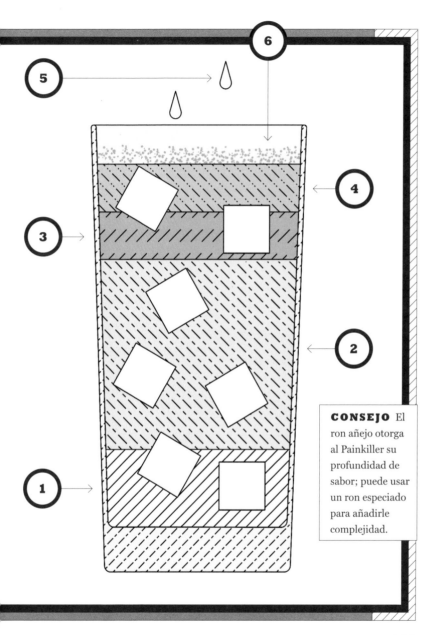

CONSEJO El ron añejo otorga al Painkiller su profundidad de sabor; puede usar un ron especiado para añadirle complejidad.

BUBBLY MILK

Este cóctel de leche frío sutilmente especiado presenta una consistencia cremosa endulzada con azúcar moreno. Es un preparado curioso pero delicioso (en caso de remordimientos, recuerde que está repleto de calcio).

INGREDIENTES

1	ron especiado	60 ml
2	coñac	60 ml
3	zumo de limón, recién exprimido	15 ml
4	raspadura de limón	½ limón
5	bolsita de té chai	1
6	leche entera	120 ml
7	sirope de azúcar moreno especiado (página 39)	2 cucharadas
8	bíter de cardamomo	unas gotas

UTENSILIOS Cuenco resistente al calor, cazo para la leche, colador de malla fina, coctelera

ELABORACIÓN Ponga el ron, el coñac, el zumo de limón y la bolsita de té en un cuenco resistente al calor y deje que haga infusión 2-3 horas, luego retire la bolsita. Caliente la leche justo hasta que vaya a hervir y viértala en el bol (la mezcla formará cuajos). Deje templar, luego tápelo y refrigere toda la noche. Cuele la mezcla con un colador de malla fina. Devuelva alrededor de la mitad de la leche cuajada del colador al líquido, luego agite con hielo con el sirope hasta que quede bien frío y burbujeante. Sirva en una copa fría y añada el bíter de cardamomo por encima.

SIRVA EN: COPA
POMPADOUR

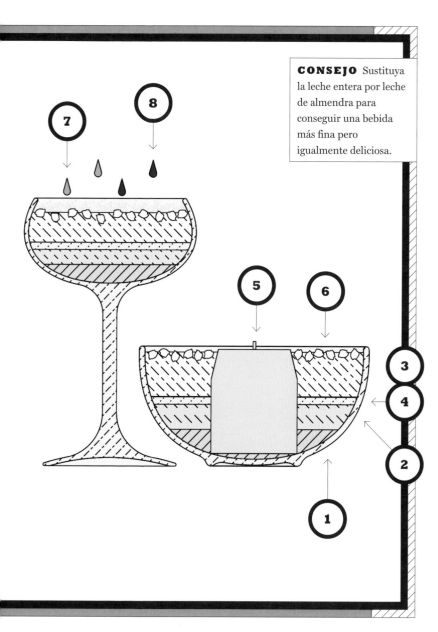

CONSEJO Sustituya la leche entera por leche de almendra para conseguir una bebida más fina pero igualmente deliciosa.

LAS REINVENCIONES

Cócteles de ron clásicos modernizados. Removemos un Mojito con ruibarbo (página 112) y animamos un Negroni con jengibre (página 108). Como todo lo bueno, con un pequeño detalle basta.

NEGRONI CON JENGIBRE

Una versión especiada y con ron del clásico cóctel de color rubí y sabor agridulce. El ron aromatizado, subrayado con el licor de jengibre (el más emblemático es el King's Ginger de la marca Berry Bros & Rudd), aporta una dimensión oscura y compleja a la bebida: sigue siendo un Negroni seco e intenso, pero diferente.

INGREDIENTES

1	ron especiado	60 ml
2	Aperol	60 ml
3	licor de jengibre	30 ml
4	vermut dulce	30 ml
5	tira de piel de naranja	para decorar

UTENSILIOS Cuchara coctelera, vaso mezclador, colador

ELABORACIÓN Remueva los ingredientes líquidos con unos cubitos de hielo en el vaso mezclador; añada más hielo y repita la operación. Cuele en un vaso frío con un buen trozo de hielo. Decore con la piel de naranja.

SIRVA EN:
VASO CORTO

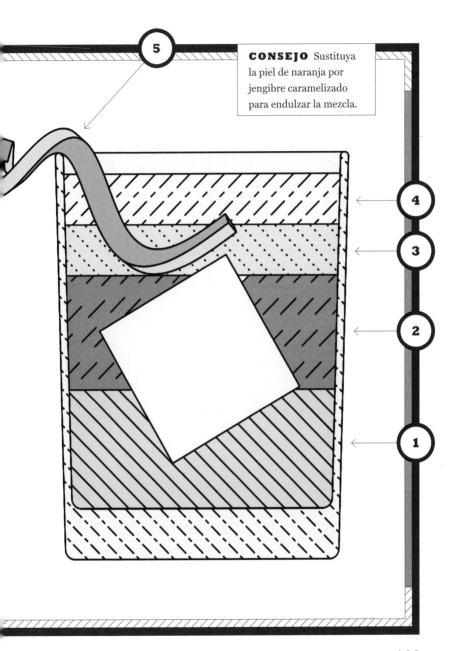

CONSEJO Sustituya la piel de naranja por jengibre caramelizado para endulzar la mezcla.

OLD FASHIONED CON JENGIBRE

El Old Fashioned se considera uno de los cócteles más icónicos del mundo por algo: su equilibrio perfecto. Tradicionalmente se elabora con bourbon o whisky de centeno, pero en esta versión empleamos ron oscuro especiado como base. Utilice un ron de calidad, y siempre es una delicia añadir un poco de sirope de cereza (del tarro de guindas).

INGREDIENTES

1	terrones de azúcar demerara (crudo)	2
2	bíter de Angostura	unas gotas
3	bíter de jengibre	unas gotas
4	ron especiado	60 ml
5	guinda al marrasquino	1
6	tira larga de piel de naranja	1

UTENSILIOS Vaso mezclador, cuchara coctelera, colador

ELABORACIÓN Ponga los terrones de azúcar en el vaso mezclados con un poco de agua y los bíteres, luego remueva hasta que se disuelvan por completo. Añada el ron y unos cubitos de hielo y siga removiendo. Cuele en un vaso frío con un trozo de hielo y la guinda. Exprima una tira grande de piel de naranja sobre el vaso para que suelte los aceites y sumérjala en la bebida.

SIRVA EN:
VASO CORTO

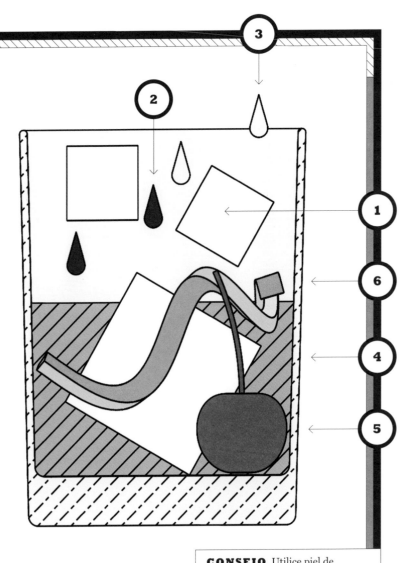

CONSEJO Utilice piel de naranja bien fresca sin la parte blanca: debe ser lo bastante larga para chocar con la nariz.

MOJITO CON RUIBARBO

Una edición rubí del clásico cubano, donde el sabor tropical del ron blanco, el azúcar, la menta, la lima y la soda recibe una inyección de ruibarbo, el sabor inesperado de huerto inglés que aporta al Mojito profundidad sin hacerle perder el toque efervescente y cítrico.

INGREDIENTES

1	cuñas de lima	2
2	azúcar demerara (crudo)	2 cucharaditas
3	hojas de menta fresca	12
4	ron blanco	60 ml
5	sirope casero de ruibarbo y anís (página 40)	2 tbsp
6	soda fría	para llenar
7	ramita de menta fresca	para decorar

UTENSILIOS Majadero

ELABORACIÓN Maje las cuñas de lima con el azúcar en el vaso, insistiendo si le gusta un sabor cítrico fuerte o con suavidad si prefiere un sabor sutil. Añada las hojas de menta, luego llene el vaso hasta tres cuartos de su capacidad con hielo picado, agregue el ron y el sirope y remueva. Añada más hielo picado, llene hasta arriba con soda y decore con la ramita de menta.

SIRVA EN:
VASO LARGO

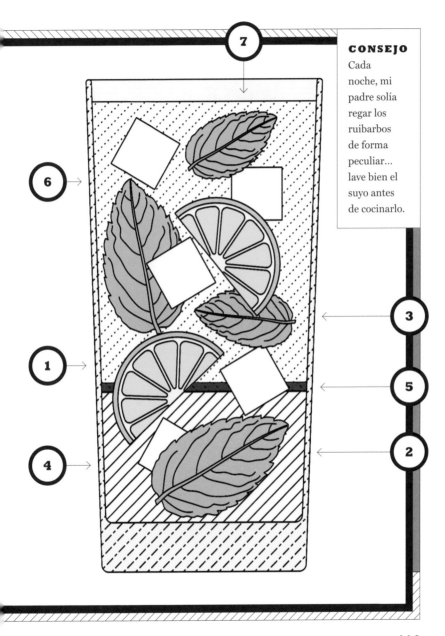

CONSEJO
Cada noche, mi padre solía regar los ruibarbos de forma peculiar... lave bien el suyo antes de cocinarlo.

BLOODY MOJITO

Imagine un híbrido entre Bloody Mary y gazpacho y casi habrá conjurado este refrescante y aromático cóctel, con la potencia del tomate dulce, la sandía, el sirope de albahaca, aceite de oliva, paprika y un buen chorro de ron añejo.

INGREDIENTES

1	tomates cherry	3
2	sandía	un trozo
3	ron añejo	50 ml
4	sirope casero de albahaca (página 41)	15 ml
5	aceite de oliva virgen extra	una gota
6	sal y pimienta	una pizca
7	cuña de lima exprimida	unas gotas
8	paprika	una pizca

UTENSILIOS Majadero, coctelera, colador

ELABORACIÓN Maje los tomates y la sandía en la coctelera para que suelten el líquido. Añada hielo, el ron, el sirope, aceite, sal y pimienta, luego agite. Cuele dos veces, pruebe con una pajita limpia, añada unas gotas de lima y sirva en un vaso refrigerado lleno de hielo. Acabe con una pizca de paprika.

SIRVA EN:
VASO CORTO

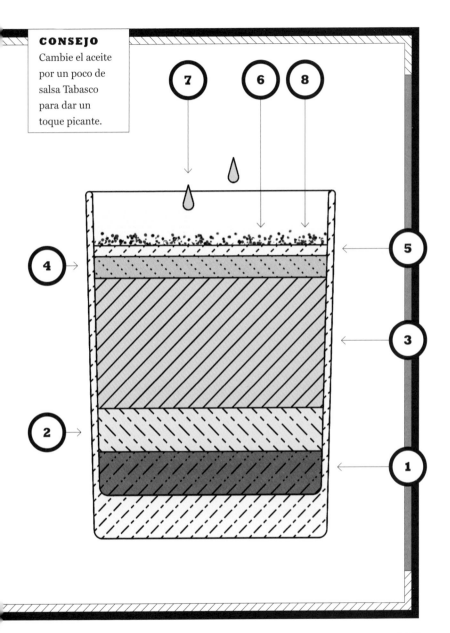

HARD CIDER

Creado para los americanos que tienden a olvidarse de echar alcohol a la sidra, este delicioso y enturbiado cóctel posee un sabor fresco y herbal a campo que se une al poder del ron añejo. No escatime el jarabe de arce y utilice el mejor (no los sobrecitos que regalan en McDonald's y que se van acumulando en el cajón de la cocina).

INGREDIENTES

1	ron añejo	60 ml
2	zumo de manzana turbio	120 ml
3	jarabe de arce	2 cucharadas
4	zumo de limón, recién exprimido	unas gotas
5	ramitas de tomillo	2

UTENSILIOS Coctelera

ELABORACIÓN Agite los ingredientes líquidos con una ramita de tomillo (chafada) con hielo hasta que se enfríen. Sirva con una ramita de tomillo fresca.

SIRVA EN: COPA
POMPADOUR

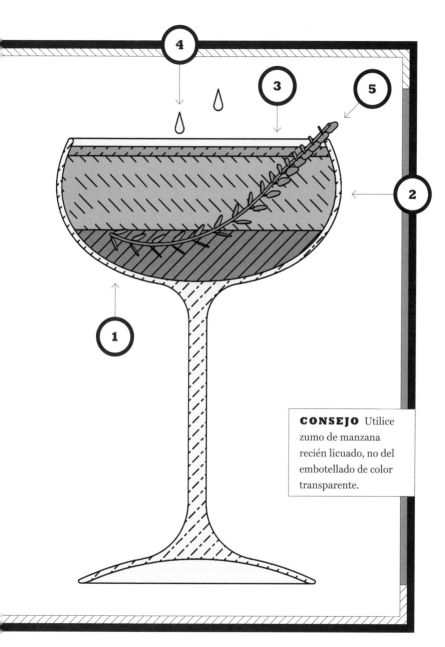

CONSEJO Utilice zumo de manzana recién licuado, no del embotellado de color transparente.

VIEJAS GLORIAS

Recetas inspiradas en los primeros bebedores de ron: viejos marinos de piel tostada, perdidos en el mar, navegando por frondosas islas tropicales y visitando ajetreados puertos cosmopolitas... y emborrachándose como cubas en cuanto atracaban.

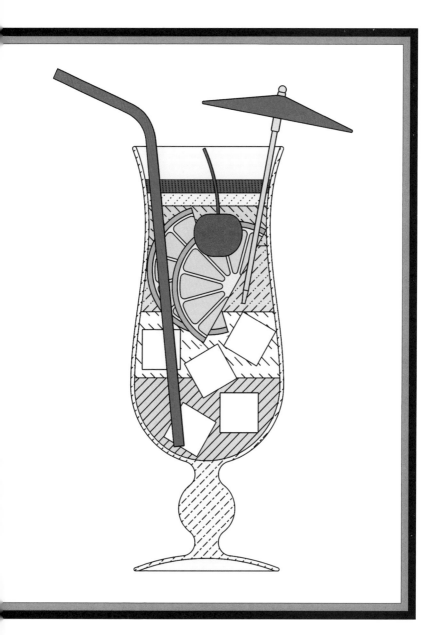

SAILOR'S REGRET

También conocida como Captain's Grog, es una bebida simple, con la potencia del ron y asombrosamente refrescante, que desciende con la misma facilidad que el vigía desde la cofa por el mástil mayor. Utilice una cerveza de calidad y, si es necesario, decore con una rodaja de lima, aunque es posible que se acabe el combinado antes de conseguirlo.

INGREDIENTES

1	ron especiado	30 ml
2	cerveza rubia	125 ml
3	limonada	50 ml
4	rodaja de lima	para decorar

UTENSILIOS Ninguno

ELABORACIÓN Añada cubitos de hielo a la jarra de cerveza, luego el ron. Vierta la cerveza y la limonada poco a poco para acabar de llenar la jarra.

SIRVA EN:
JARRA DE CERVEZA

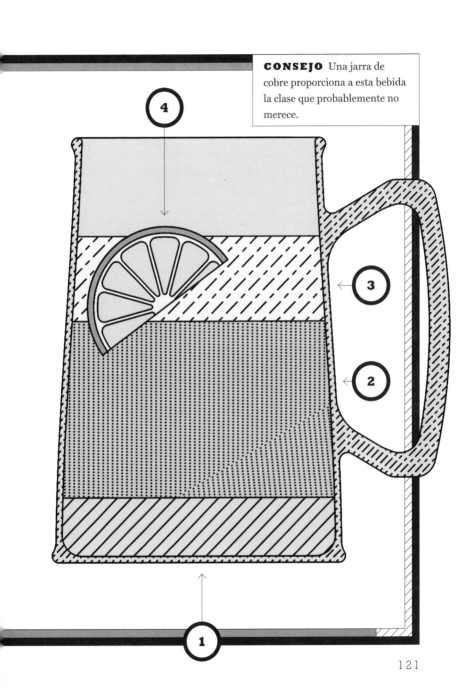

CONSEJO Una jarra de cobre proporciona a esta bebida la clase que probablemente no merece.

HURRICANE ORIGINAL

A la salud de Nueva Orleans, ciudad donde la fiesta no cesa y escenario de la película aclamada por la crítica *Abraham Lincoln: cazador de vampiros*. A la ciudad, apodada Big Easy, quizás se la conozca sobre todo por el Hurricane (cóctel creado, según la leyenda, para aprovechar un excedente de ron). Muchos dan su toque personal a la receta que aquí ofrecemos siguiendo fielmente la que se ofrecía originariamente en los antros de la ciudad.

INGREDIENTES

1	ron oscuro	60 ml
2	sirope de maracuyá	30 ml
3	zumo de limón, recién exprimido	30 ml
4	rodajas de naranja	para decorar
5	guindas al marrasquino	para decorar

UTENSILIOS Coctelera

ELABORACIÓN Agite los ingredientes líquidos con hielo hasta que se enfríen bien. Vierta en una copa llena de cubitos de hielo, decore con rodajas de naranja, una o dos guindas, una pajita y una sombrillita.

SIRVA EN:
COPA HURACÁN

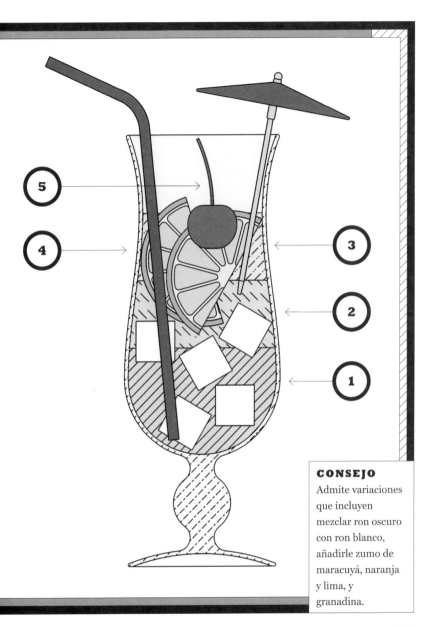

CONSEJO

Admite variaciones
que incluyen
mezclar ron oscuro
con ron blanco,
añadirle zumo de
maracuyá, naranja
y lima, y
granadina.

HAND SHANDY

Una versión con jengibre del cóctel Sailor's Regret, también conocido como Captain's Grog, el Hand Shandy es fiel a su nombre: se agita vigorosamente y se presenta como delicioso cóctel espumoso. Como para todos los combinados con cerveza, no escatime y utilice cerveza rubia de calidad.

INGREDIENTES

1	ron especiado	30 ml
2	sirope de jengibre casero (página 41)	15 ml
3	zumo de lima, recién exprimido	10 ml
4	cerveza rubia	para llenar
5	rodaja de lima	para decorar

UTENSILIOS Coctelera

ELABORACIÓN Agite el ron, el sirope y el zumo de lima con hielo hasta que se enfríen bien. Vierta en un vaso sobre un trozo de hielo y acabe de llenar con cerveza. Decore con una rodaja de lima.

SIRVA EN:
VASO CORTO
O LARGO

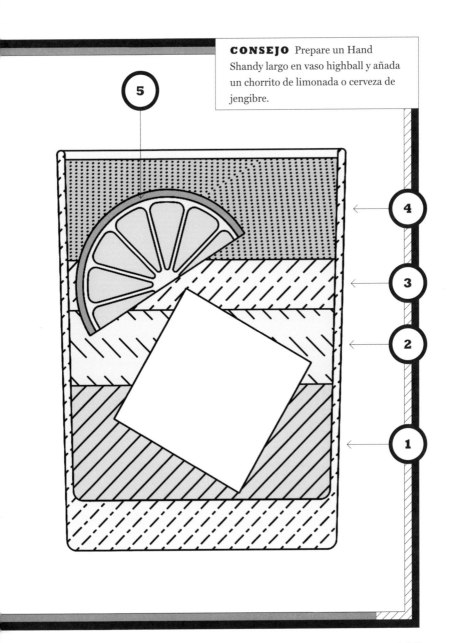

125

EL PRESIDENTE

Natural de Cuba, El Presidente era el cóctel de la casa elaborado por el barman George Stadelman en el Club El Chico del barrio neoyorquino de Greenwich Village (donde los americanos bailaron la rumba por primera vez en la década de 1920). A pesar de tratarse de una bebida de otra época, el curioso toque de naranja de El Presidente resulta extrañamente actual.

INGREDIENTES

1	ron claro	60 ml
2	vermut seco	25 ml
3	curasao de naranja	25 ml
4	granadina	unas gotas
5	tira de piel de naranja	para decorar

UTENSILIOS Vaso mezclador, cuchara coctelera, colador

ELABORACIÓN Vierta los ingredientes líquidos en el vaso mezclador con cubitos de hielo. Remueva hasta que se enfríen bien. Cuele en una copa con hielo y sirva con la piel de naranja.

SIRVA EN: COPA POMPADOUR

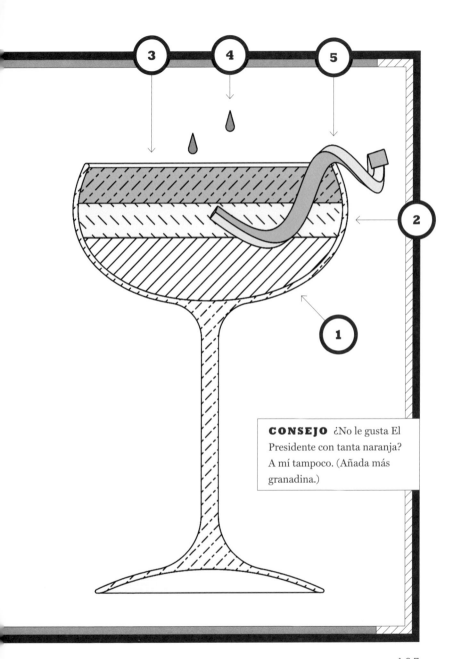

CONSEJO ¿No le gusta El Presidente con tanta naranja? A mí tampoco. (Añada más granadina.)

TWISTER

Es la versión contemporánea del Hurricane, con zumo de naranja, zumo de lima y granadina en lugar de sirope de maracuyá y limón. Esta bebida se sirve en Nueva Orleans en vasos rojos de plástico y los juerguistas la derraman por las calles cuando todo está cerrado y siguen cometiendo travesuras inducidas por el ron.

INGREDIENTES

1	ron oscuro	60 ml
2	ron claro	60 ml
3	zumo de maracuyá, recién exprimido	60 ml
4	zumo de naranja, recién exprimido	30 ml
5	zumo de lima, recién exprimido	15 ml
6	granadina	15 ml
7	rodaja de naranja	para decorar
8	guindas al marrasquino	para decorar

UTENSILIOS Coctelera

ELABORACIÓN Agite los ingredientes líquidos con hielo hasta que se enfríen bien y viértalos en un vaso lleno de cubitos de hielo. Decore con la rodaja de naranja, una guinda o dos y una sombrillita.

SIRVA EN:
COPA HURACÁN

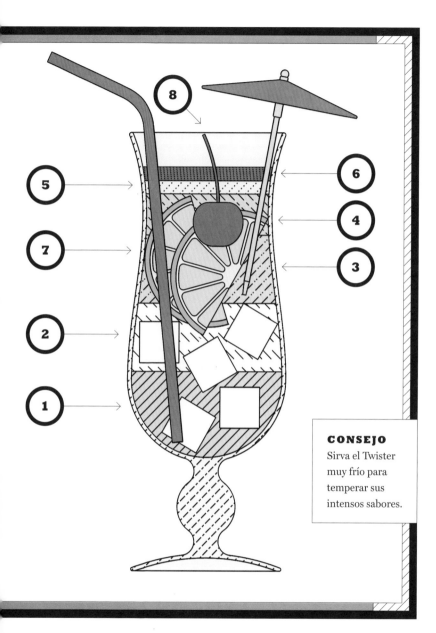

CONSEJO

Sirva el Twister
muy frío para
temperar sus
intensos sabores.

COMBINADOS CALIENTES

Suba la temperatura: desde una bebida aromática invernal que recuerda al mazapán hasta el vino caliente especiado, pasando por un clásico con mantequilla, el ron aporta energía a estos cócteles que levantan el ánimo. ¿Empieza a hacer calor aquí?

PONCHE ESPECIADO DE PERA Y JENGIBRE

Muchos de nosotros tomamos unos litros de más de vino caliente especiado cada Navidad. Esta receta con pera, jengibre y manzana es perfecta y resulta un combinado con más clase.

INGREDIENTES (PARA 10)

1	vino de jengibre Stone's	250 ml
2	zumo de manzana turbio	1,5 litros
3	zumo de lima, recién exprimido	250 ml
4	peras maduras, en láminas	1–2
5	trozo de jengibre del tamaño del pulgar, en rodajas	1
6	vainas de cardamomo, abiertas	4
7	anís estrellado, abierto	1
8	ramitas de canela	2
9	azúcar demerara (crudo)	2 cucharadas
10	ron especiado	250 ml

UTENSILIOS Cazo, cucharón

ELABORACIÓN Lleve todos los ingredientes (excepto el ron) a ebullición y deje hervir suavemente hasta que se disuelva el azúcar. Añada 25 ml de ron en cada vaso, vierta el zumo caliente y las peras, y sirva.

SIRVA EN: VASO O TAZA RESISTENTE AL CALOR

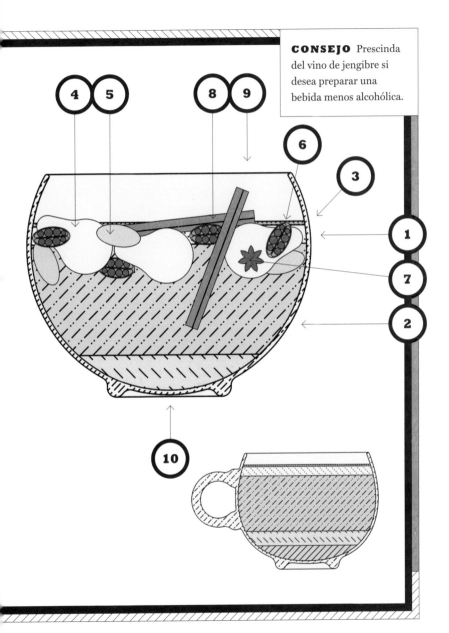

CONSEJO Prescinda del vino de jengibre si desea preparar una bebida menos alcohólica.

RON CON MANTEQUILLA

Un clásico cuando hace frío que calienta todo el cuerpo hasta rincones que uno mismo desconocía. Colar el líquido ayuda a distribuir la mantequilla y retirar los ingredientes sólidos, y el bíter de cardamomo aporta un aroma embriagador. A por la mantequilla.

INGREDIENTES

1	azúcar demerara (crudo)	2 cucharaditas
2	mantequilla sin sal	2 cucharaditas
3	bíter de cardamomo	unas gotas
4	canela en polvo	una pizca
5	nuez moscada, recién rallada	una pizca
6	clavos de olor	3
7	ron especiado	60 ml
8	nuez moscada, recién rallada	para decorar

UTENSILIOS Cazo, colador

ELABORACIÓN Ponga todos los ingredientes (excepto el ron) en un cazo pequeño a fuego lento y remueva hasta que la mantequilla y el azúcar se derritan y se forme un sirope. Retire del fuego, incorpore el ron, remueva y cuele con un colador de malla fina. Sirva espolvoreado con nuez moscada.

SIRVA EN: VASO
RESISTENTE AL
CALOR

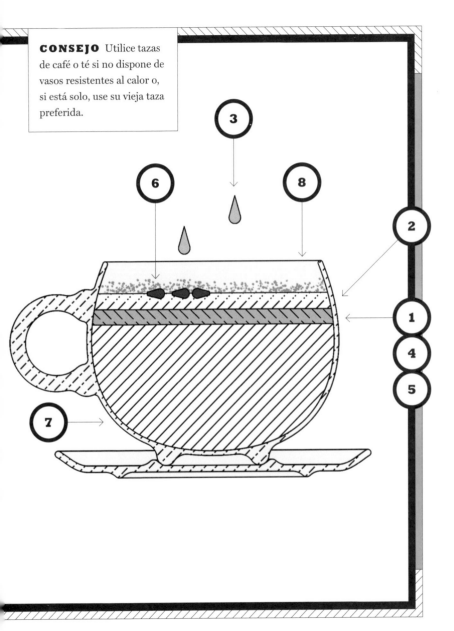

CONSEJO Utilice tazas de café o té si no dispone de vasos resistentes al calor o, si está solo, use su vieja taza preferida.

HOT RUM TODDY

Este es el tipo de bebida que el abuelo preparaba cuando uno estaba enfermo de niño, pero entonces la abuela lo pillaba y se la quitaba de las manos. Las misteriosas propiedades curativas del alcohol caliente tal vez sean materia de debate, pero lo cierto es que sabe bien. Como dirían nuestros abuelos: «¡Esto te hará crecer pelo en el pecho!».

INGREDIENTES

1	ron especiado	90 ml
2	miel líquida	4 cucharadas
3	zumo de limón, recién exprimido	15 ml
4	tira larga de piel de naranja	1
5	bíter de cardamomo	unas gotas
6	nuez moscada	ralladura
7	ramita de canela	para decorar

UTENSILIOS Cuchara coctelera

ELABORACIÓN Ponga el ron, la miel, el zumo de limón, la piel de naranja, el bíter y la nuez moscada en una taza resistente al calor. Acabe de llenarla con agua hirviendo y remueva hasta que se disuelva la miel. Añada la ramita de canela y sirva.

SIRVA EN: TAZA DE CRISTAL RESISTENTE AL CALOR

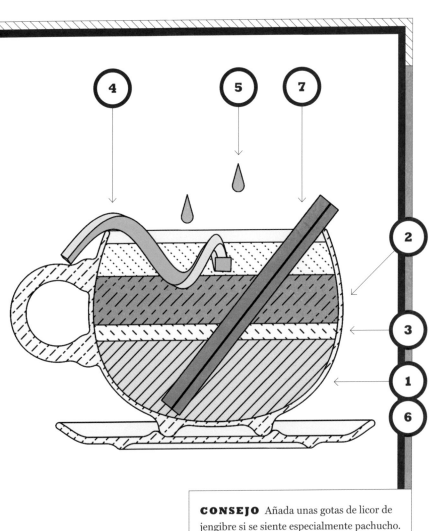

CONSEJO Añada unas gotas de licor de jengibre si se siente especialmente pachucho.

BEES' PARTICULARS

Este sencillísimo cóctel de ron con miel se basa en el equilibrio entre el frescor y acidez cítricos y el dulzor de la miel. Si acierta, esta bebida fría le pondrá en marcha. Pilas no incluidas.

INGREDIENTES

1	miel líquida	30 ml
2	ron claro	60 ml
3	zumo de limón, recién exprimido	15 ml
4	rodaja fina de limón	para decorar

UTENSILIOS Horno microondas o cazo, coctelera, colador

ELABORACIÓN Caliente la miel unos segundos en el microondas o en un cazo hasta que quede bien líquida, luego añádala a la coctelera medio llena de hielo, junto con el ron y el zumo de limón. Agite para que todo se enfríe. Cuele y sirva, decorado con la rodaja de limón.

SIRVA EN: COPA POMPADOUR

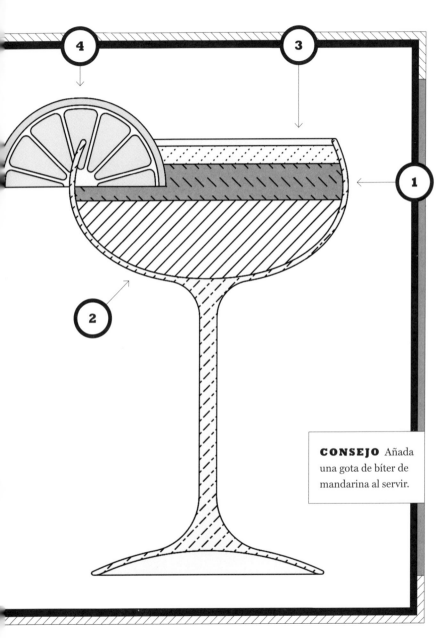

CONSEJO Añada una gota de bíter de mandarina al servir.

ÍNDICE

ACERCA DE DAN JONES

Es uno de los creadores de cócteles más prolífico del mundo, escritor y editor. Vive en Londres y ha colaborado con diversidad de revistas, desde *i-D* hasta *Time Out*. Se define como una persona hogareña y conoce bien el arte de preparar bebidas en casa, donde le encanta recibir a los amigos y donde constantemente «investiga» técnicas de coctelería y prueba nuevas recetas. Su combinado de ron preferido es la Piña Colada, pero cuando sale, pide un Mojito para proteger su reputación.